Tanja Wekwerth

Tanjas Welt

Tanja Wekwerth

Tanjas Welt 6

weitere
60 launige
Kurzgeschichten

Illustrationen von
Jutta Bücker

MOEWIG

www.edel.de
www.moewig.de
Originalausgabe

Umschlag- und Autorenfoto: Laura
Printed in Germany
ISBN 978-3-86803-197-3

Inhalt

1

Meine Kinder mögen Eis – keine Kunst

»Auch im Urlaub kann man nicht immer nur mit Playmobil spielen«, sagte ich meinen Kindern. Schließlich wollte ich sie allesamt in die Neue Pinakothek schleppen …

»Stimmt«, antwortete Samuel einsichtig. Doch bevor ich allzu stolz auf ihn sein konnte, ergänzte er: »Und deswegen gehen wir heute ins Schwimmbad und zu Mittag in die Pommesbude!«

»Nein!«, widersprich ich streng. »Wir gehen in eine Gemälde-Ausstellung!«

»Wer hat da was gemalt?«, wollte Sanne wissen.

»Ganz viele Maler. Zum Beispiel Caspar David Friedrich«, schwärmte ich. »Ein romantischer Maler, er gilt als einer der größten Künstler Deutschlands und des neunzehnten Jahrhunderts und …«

»Ach, nö«, sagte Mäxchen, unser Jüngster, daraufhin schlicht. »Ich möchte doch lieber ins Schwimmbad.«

»Meine Güte!«, rief ich ungehalten. »Andere Kinder in eurem Alter haben schon Opern komponiert. Mozart zum Beispiel. Und ihr wollt immer bloß spielen. So ein bisschen Kunstgeschichte wird euch nicht wehtun!«

So kam es, dass ich mich mit meinen drei desinteressierten, schwitzenden Kindern an einem heißen Nachmittag im August auf den Weg in Münchens Theresienstraße machte.

In der Leopoldstraße gab es die erste Krise. »Mir ist heiß«, knatschte Samuel.

»Wir sind ja gleich da«, beruhigte ich ihn. »Du wirst sehen: Die Ausstellung gefällt euch ganz sicher. Friedrich zum Beispiel gilt mittlerweile als Wegbereiter der europäischen Moderne.« Ich muss gestehen, dass ich mich wirklich gut auf diesen Museumsbesuch vorbereitet hatte.

»Wie hat der denn den Weg bereitet?«, motzte Samuel.

»Nun ...«, begann ich verunsichert.

Zum Glück unterbrach mich Sanne in diesem Moment. »Gibt es da eine Klimaanlage?«, wollte sie wissen, und das begann mich dann wieder zu ärgern.

»Wieso ...«, meckerte ich, »... wieso seid ihr so ignorant? Was ist so schlimm an weltberühmten Gemälden, die die Natur als Spiegel menschlicher Empfindungen betrachten, was ist so schlimm an ...«

Schon wieder wurde ich unterbrochen. »Gefühle?«, rief Mäxchen mit schriller Stimme. »Was haben denn die damit zu tun?«

»Kinder«, sagte ich und bemühte mich um mütterlich heitere Gelassenheit, was mir bei über dreißig Grad verdammt schwer fiel. »Dieses Museum ist ein künstlerischer Höhepunkt der Stadt München. Mehr als 400 bedeutende Gemälde des 18. und 19. Jahrhunderts sind hier zu sehen.«

»Vierhundert Bilder?«, schrie Sanne entsetzt auf. »Du heiliger Strohsack! Wie lange wird das dauern?«

Genervt stöhnte ich auf. »Andere Kinder spielen Schach und Geige und überspringen nebenbei noch ganz lässig zwei Klassen. Und alles, was ich von euch erwarte, ist, dass ihr einfach mal eine Ausstellung besucht!«

»Und andere Kinder dürfen Reiterferien auf dem Ponyhof machen!«, konterte Sanne geschickt.

»Ich will ein Eis«, quengelte Samuel. »Andere Kinder kriegen jeden Tag dreimal Eis.«

So viel zum Argument »andere Kinder«.

»Ihr bekommt nach der Ausstellung ein Eis, okay?«, versuchte ich zu verhandeln. Ohne großen Erfolg.

»Jetzt!«, beharrten die Kinder.

»Später!«, betonte ich.

»Jetzt!«
»Später!«
»Jetzt!«
»Okay!«
Umgehend wurde der nächste Eisstand von uns belagert, und es dauerte eine Weile, bis meine Kinder sich entschieden hatten, ob sie nun Erdbeer-Himbeer-Eis im Hörnchen oder lieber grünes Shrek-Eis im Becherchen haben wollten.

»Und gleich können wir uns in aller Ruhe die Gemälde ansehen«, rief ich froh und bemühte mich sogleich wieder darum, das Kunst-Interesse der Kinder zu erwecken. »Wisst ihr, dass Friedrich und viele seiner Kollegen im Alter hoch verschuldet waren?«

»Na!«, machte Sanne abfällig und bohrte ihre Zunge in eine Kugel Eis. »Zum Malen braucht man ja nicht viel Geld. Wenn allerdings Britney Spears keine Platten mehr aufnehmen könnte – das wäre schlimm!«

»Oder Benjamin Blümchen!«, rief Max voller Entsetzen.

»Das wäre gar nicht so schlimm«, widersprach ich, und so langsam fragte ich mich, ob ich tatsächlich die Nerven haben würde, mit drei mürrischen, erhitzten Kindern in die Pinakothek zu gehen. Würden sie nicht nacheinander alle aufs Klo müssen, anschließend Durst haben und sich dann sowieso nur für Feuerlöscher und Notausgangsschilder interessieren?

Inzwischen hatten wir den Vorplatz des Museums erreicht, und für all jene, die es nicht wissen: Da stehen einige Bäume, unter deren kühlen Schatten man es sich bequem machen kann.

Das haben wir dann alle vier auch getan, und weiter sind wir an diesem heißen Nachmittag im August nicht mehr gekommen. Wir haben noch ein Eis gegessen, und dann sind wir ins Hotel gegangen und haben die Maler eben Maler sein lassen.

Ich werde morgen allein wiederkommen und am Nachmittag mit den Kindern ins Schwimmbad gehen und Pommes rotweiß essen. Andere Kinder sind in diesem Alter vielleicht bereits Klaviervirtuosen und spielen nicht mit Playmobil, aber meine Kinder sind eben ganz normale Kinder, und ganz besonders nette – wenn sie dreimal am Tag Eis essen dürfen.

2

»Das ist ja sooo ungerecht!«

Meine drei Kinder haben einen ausgeprägten Sinn für Gerechtigkeit. Und das nicht nur, wenn es darum geht, eine Viererpackung »Hanuta« zu teilen.

»Das ist ja so ungerecht«, erbost sich Samuel, weil seine Schwester einen Millimeter mehr der heiß begehrten Haselnuss-Knusperwaffel ergattert hat. »IMMER bekommt Sanne mehr als ich. IMMER wird sie vorgezogen, nur weil sie ein blödes Mädchen ist!«

Haben Sie schon mal versucht, ein viereckiges, krümeliges Hanuta in drei gerechte Teile zu zerlegen? Es ist nicht einfach. Schon gar nicht, wenn man dabei von drei argwöhnischen Augenpaaren beobachtet wird. »Na schön«, habe ich also erwidert und das Messer, mit dem ich die höchst komplizierte Zerlegprozedur durchgeführt hatte, beiseite gelegt. »Ich habe eine bessere Idee.« Und dann habe ich mir das dreigeteilte Objekt der geschwisterlichen Verfeindung selbst in den Mund gestopft.

Zuerst herrschte schockierte Stille in der Küche. Man hörte nur meine Kiefer mahlen. (Ganz schön lecker, so ein Hanuta). Dann gellte es aus drei geknechteten Kinderkehlen: »Das ist ja so ungerecht!!!«

»Wieso?«, gab ich mit vollem Mund zurück. »Im Gegenteil: Ihr drei habt jeder ein Hanuta gehabt, und das vierte ist für mich. Ganz einfach.«

»Aber du bist auf Diät!«, erinnerte mich Sanne listig. Und

Samuel schüttelte fassungslos den Kopf. Dass seine Mutter so egoistisch, so verfressen, so gehässig sein konnte, ihren eigenen Kindern ein wichtiges Grundnahrungsmittel vor der Nase wegzufuttern!

Er sah jedenfalls so aus, als ob er all das gerade dachte.

Mäxchen zog die Nase kraus. »Mamas brauchen keine Schokolade«, erklärte er mir. Das fand ich dann wiederum ganz schön ungerecht.

»Mamas sind auch Menschen«, erinnerte ich ihn. Und dann machte ich mich daran, die Spülmaschine auszuräumen. »Kann mal einer helfen?«, fragte ich in die Besteckschublade, doch da waren alle Kinder auf einmal verschwunden. »Das ist ja so ungerecht«, murmelte ich.

Wenig später fiel mir auf, dass die englische Rose auf Nachbars Balkon viel schöner blühte als meine. Um genau zu sein, blüht meine überhaupt nicht mehr, sie ist nämlich eingegangen. Und das ist auch wieder ungerecht. Ungerecht von wem eigentlich? Von der Rose? Oder vom Schicksal? Wie auch immer. Ob es um ein Hanuta geht oder um das Glück, den grüneren Rasen, den größeren Busen, die talentierteren Kinder zu haben, immer ist es irgendwie ungerecht.

»Du hast Samuel drei Gute-Nacht-Küsschen gegeben und mir nur einen«, schluchzt Mäxchen unter seiner Bettdecke.

»Dafür warst du zehn Sekunden länger bei Mäxchen«, kontert Samuel und verzieht sich ebenfalls unter der Decke. Und wie aus einem Munde tönt es gedämpft an mein Ohr: »Das ist ungerecht.«

Also küsse ich links noch zweimal nach, verweile rechts zehn weitere Sekunden (nicht elf! Um Gottes Willen!) am Bettrand und gehe dann hinüber zu Sanne, die sich sowieso immer ungerecht behandelt fühlt. Von mir, von ihrem Vater, von ihren Brüdern, Freundinnen, Lehrern. Es muss am Alter liegen.

»Elisa hat viel längere Wimpern als ich«, stößt sie verbittert hervor.

»Dafür hast du längere Haare«, versuche ich zu trösten.

»Aber ihre sind gelockt und meine sind Schnittlauch.«

»Weißt du«, sage ich zu Sanne, »manche Leute haben überhaupt keine Haare.« Nachdenklich sieht sie mich an.

»Stimmt«, sagt sie.

»Und Heidi Klum hat auch Schnittlauchhaare und verdient eine Menge Geld damit«, fahre ich fort.

»Stimmt«, sagt Sanne wieder und sieht auf einmal ganz zufrieden aus.

»Man findet immer, dass es andere besser haben«, fahre ich mit meiner Predigt fort, weil ich gerade so gut in Schwung bin. »Aber meistens stimmt das nicht.« Den Gedanken an Nachbars üppig blühende Rose verdränge ich schnell. Dafür werde ich mir Lavendel kaufen, der ist nämlich nicht so zickig wie englische Rosen.

»Aber dass Deutschland gegen Italien verloren hat, ist ungerecht!«, kräht Samuel aus dem Nachbarzimmer.

»Ist es nicht«, ruft Sanne zurück. »Die Italiener haben einfach besser gespielt!« Sie grinst mich an, als lautes Protestgeheul aus dem Jungszimmer zu uns dringt.

»Aber dass die Bayern Bruno den Bären abgeschossen haben«, kreischt Mäxchen wie eine Feuerwehrsirene, »das ist wirklich ungerecht!«

»Stimmt!«, gebe ich zu. »Vielleicht hätte man sich mehr Mühe geben müssen, ihn lebend zu fangen, aber wisst ihr, Bären sind sehr gefährlich und …«

»Und was am aller-aller-ungerechtesten ist …«, werde ich von Samuels Stimme unterbrochen, »… ist, dass du immer ewig bei Sanne am Bett sitzt und bei uns nie so lange!«

»So ist das Leben«, erwidere ich etwas einfallslos und müde, denn es ist inzwischen halb zehn, und ich wollte eigentlich noch ein bisschen lesen. Manches ist Schicksal, manches kann man ändern, anderes nicht. Manches ist so wie es ist. So ist das Leben, liebe Leserin. Und mit diesen nachdenklichen Worten schließe ich diese Geschichte, die einmal mit einem zerbröselten Hanuta begonnen hat.

3

Elternabende sind so langweilig ...

Manche Dinge machen mehr Spaß als andere. Zunehmen ist zum Beispiel lustiger als abnehmen, und im Kino zu sitzen ist sehr viel unterhaltsamer als beim Elternabend.

Genau darauf konzentriere ich mich gerade. Ich befinde mich mit eingeschlafenem Gesäß auf einem viel zu kleinen Kinderstühlchen und nehme an Mäxchens Kindergarten-Elternabend teil. Es geht gerade um die Zweckmäßigkeit von Schutzimpfungen. Offenbar ist das ein hoch emotionales Thema. Kann ich nicht verstehen. Wer will sich heutzutage noch mit Mumps, Masern und Röteln rumschlagen, wenn er nicht muss? Aber die Mutter von Lotte sieht das anders.

»Man muss den Körper selbst reagieren lassen«, erbost sie sich. »Impfungen können sehr gefährlich sein!«

Aus meinem Mund dringt ein Gähnlaut, der jäh unterbrochen wird von der vor Empörung zitternden Stimme von Mimis Vater. Er hält einen Vortrag über die Masern. Ich nutze die Zeit, um ein Schälchen Erdnüsse quer über den (niedrigen!) Tisch in meine Nähe zu ziehen.

»Möchte noch jemand eine Tasse Kräutertee?«, fragt die Mutter von Malve.

Nee, denke ich und gehe zu Gummibärchen über, ich hätte lieber ein Glas Rotwein.

Als die Gummibärchen alle sind, hat die Erzieherin wieder das Wort. »Das Sommerfest ist noch zu planen«, sagt sie gerade. »Wir brauchen viele, viele gute Ideen.«

Guten Abend,
liebe Eltern!
Protokoll

Energisch sauge ich an einer Salzstange. Das sieht bestimmt irre kreativ aus. Ist es aber nicht.

»Wir könnten verschiedene Rassel- und Trommelinstrumente herstellen und die Kinder musizieren lassen«, schlägt eine üppige Mutti vor.

»Gute Idee«, murmele ich mit vollen Backen, um auch mal was zu sagen. Nicht, dass ich hier negativ auffalle. Nicht, dass die anderen glauben, ich wäre eine von denen, die sich aus allem raushält. So bin ich gar nicht. Wirklich nicht.

»Prima«, freuen sich Erzieherin und mollige Mutti wie aus einem Munde. »Dann kannst du ja diesen Part übernehmen.«

Ich verschlucke mich an der Salzstange. »Ich?«, rufe ich hustend. »Wieso ich? Es war doch überhaupt nicht meine Idee!«

Die mollige Mutter lächelt mich listig an. »Aber sie hat dir spontan so gut gefallen.«

Toll! Jetzt kann ich mir den Kopf darüber zerbrechen, wie ich heitere Rasseln und Trommeln herstellen werde. Den Rest des Elternabends verbringe ich stumm. Nicht, dass ich auch noch zum Elternbeirat gewählt werde. Das hätte gerade noch gefehlt.

Ein paar Tage später ist wieder Elternabend. Diesmal an Sannes Schule. Wenigstens sind hier die Stühle nicht mehr so zwergenhaft. Dafür gibt es auch keine Gummibärchen.

»Wer führt das Protokoll?«, fragt die Klassenlehrerin Frau Schulz streng.

Alle blicken zu Boden.

Ich fühle den fragenden Blick der Lehrerin auf meinem Scheitel brennen. Und kann es gar nicht mehr aushalten.

Wenn sie mich fragt, werde ich sagen: »Tut mir Leid, Frau Schulz, ich habe heute bereits so viel geschrieben, mir tut schon die Hand weh.« Das kommt doch gut: viel beschäftigte Autorin mit Schreibkrampf.

»Frau Wekwerth, Sie vielleicht?«, höre ich in diesem Augenblick ihre Stimme.

»Ja, o.k.«, flüstere ich ergeben und ärgere mich maßlos über meine Charakterschwäche. Um mich herum wird aufgeatmet.

»Thema Nummer eins: Hausaufgaben«, sagt Frau Schulz,

und ich muss schon wieder gähnen. Es geht eine lange Weile hin und her. Zu viele Hausaufgaben finden die einen, zu wenig die anderen. Was denn nun? Sollen sie es mal ausdiskutieren, ich male solange ein paar Blümchen an den Rand.

Irgendwie habe ich auf einmal den Anschluss verpasst, denn inzwischen geht es um die Anschaffung eines Zirkels. Vielleicht bin ich auch kurzfristig eingenickt? Die Ausführung eines schnauzbärtigen Vaters hat mich zu sehr ermüdet. »Meine Güte«, denke ich und male das Haus vom Nikolaus, »kann das Leben langweilig sein.«

»Was erzählen denn die Kinder zu Hause?«, will Frau Schulz jetzt wissen.

»Na«, denke ich. »Das werde ich dir ganz bestimmt nicht sagen.«

»Frau Schulz ist eine blöde Kröte und hat Mundgeruch«, hat Sanne erst heute Morgen am Küchentisch verkündet.

»Frau Wekwerth, Sie lächeln so versonnen«, wendet sich die blöde Kröte, pardon, Frau Schulz an mich. »Was erzählt denn Ihre Sanne so?«

»Ähemmm«, mache ich. Und dann fängt der Schnauzbartvater zum Glück an, über den Sportlehrer zu meckern. Unruhig rutsche ich hin und her. Mir ist so langweilig, dass ich gleich vom Stuhl kippe. Wann war mir das letzte Mal so langweilig? Ich glaube zu Schulzeiten, in der Geschichtsstunde von Frau Drossel.

Zum nächsten Elternabend (dem von Samuel) wird der liebste Ehemann gehen. Ich habe genug. Außerdem muss ich ja noch massenhaft getrocknete Bohnen in Klopapierrollen füllen. Für das Rassel-Trommel-Sommerfest. Schließlich bin ich nicht eine von denen, die sich aus allem raushält.

4

Sind Cheeseburger wirklich gesund?

Natürlich sind sie das, sonst würde doch ein so sportlicher Typ wie Michael Ballack nicht dafür werben. Das jedenfalls glauben meine Söhne.

Und meine Tochter Sanne schwört auf den Joghurt-Shake von McDonald's. Sie hofft, damit ebenso schön zu werden wie Heidi Klum. Mir sind sowohl Michael als auch Heidi ziemlich egal. Ich mache mir dafür tiefschürfende, pädagogische Gedanken. Denn kürzlich habe ich gelesen, dass man den Kindern Fast Food nicht gänzlich vorenthalten sollte, sonst würde die Neugier darauf nur umso größer. Die alte Geschichte also. Hätten Adam und Eva sich vom Apfelbaum bedienen dürfen, hätten sie dafür Pflaumen geklaut, hätte König Blaubart nicht die Tür mit dem goldenen Schlüssel verboten, hätte Frau Blaubart ihre toten Vorgängerinnen nicht entdeckt und wäre heute noch mit dem Fiesling verheiratet.

Wenn die Kinder also von vornherein ein goldenes Schlüsselchen haben, dann wissen sie, was hinter der geheimnisvollen »Big Mac Tasty«-Welt steckt. Nämlich ein schlappes Brötchen mit Hackfleisch. So dachte ich. Die Chefs der Hamburger-Ketten sind aber schlauer als ich, oder sie haben länger nachgedacht. Und deswegen haben sie viel Geld an Heidi und Michael gezahlt und zusätzlich noch das Happy Meal erfunden.

»Dreimal Happy Meal«, sage ich bissig am Tresen, und sogleich beginnt das große Durcheinander.

»Ich will die Schiedsrichterpfeife«, schreit Samuel schrill und panisch.

»Ich auch!«, echot sein Bruder. »Nein, doch nicht. Ich will lieber die Hantelflasche!«

»Es geht doch jetzt erst mal ums Essen«, sage ich milde.

»Ich nehme den Kickzähler!«, ruft Samuel.

»Und ich die Armtasche«, erklärt mir Max geduldig.

»Wollt ihr Hamburger oder Cheeseburger?«, will jetzt die Dame hinter dem Tresen erfahren.

»Cheese!«

»Ham!«

»Nein, lieber doch Hamburger!«

»Kann ich auch Chicken Mac Nuggets haben?«

So geht es eine Weile hin und her.

»Was soll ich überhaupt mit dem ganzen Fußballkram?«, empört sich Sanne auf einmal. »Ich möchte doch kein Happy Meal, sondern den Crispy Chicken Caesar Salad und einen Fruchtjoghurt-Drink Waldbeere. Genau wie Heidi.«

Ich höre mich stöhnen.

Die Dame tippt hektisch in ihrer Kasse herum. Sie müsste mit der Problematik vertraut sein.

»Jetzt hab' ich's!«, ruft Samuel froh.

Wie schön, denn hinter uns in der Warteschlange wird bereits gemurrt.

»Ich nehme, und jetzt bin ich mir ganz sicher, doch die Schiedsrichterpfeife.«

»Nachmacher!«, meckert Max.

»Wiesoooo? Ich hab es zuerst gesagt!«

»JUNGS!«, höre ich mich rufen. Etwas zu laut. »Wollt ihr Hamburger oder Cheeseburger?«

»Cheeseburger«, antworten beide wie aus einem Mund.

Na also, es geht voran.

Die Dame hackt auf der Tastatur herum. »Pommes oder Farmkartoffeln?«, will sie jetzt wissen.

Ist das ein Verhör? »Was sind denn Farmkartoffeln?«, fragt Samuel. Man erklärt es ihm. »Lieber Pommes«, entscheidet er.

»Ob Heidi auch Farmkartoffeln isst?«, fragt sich Sanne halblaut. »Dann würde ich die auch gern nehmen.«

Ich schwitze und atme tief den Geruch von Fritierfett ein.

»Ketchup oder Mayo?«, fragt die Dame weiter. Ich kann nicht mehr. Meine Kinder geben zahlreiche Antworten.

»Ketchup.«

»Mayo!«

»Auch Mayo!«

»Nachmacher!«

»Selber!«

»SCHLUSS!« (Das war ich.)

Die Dame kratzt sich diskret am Kopf. Und schon macht sie den Mund wieder auf, um weitere, heitere Fragen zu stellen. »Cola, Fanta, Wasser?« Und wieder wird munter geantwortet. Alle durcheinander.

Sehr kommunikativ ist dieser Laden. Sehr weit sind wir trotzdem nicht gekommen. Samuel plagen nervöse Magenschmerzen: Er weiß einfach nicht, ob er nicht doch die Torwarthandschuhe nehmen soll. Das ist wirklich eine kniffelige Entscheidung für einen kleinen Jungen. Max hat sich inzwischen entschieden. Er nimmt den Trainingskicker, einen Cheeseburger mit Pommes und Ketchup und eine Fanta.

Bravo! Dieses Kind wird es mal weit bringen.

Samuel rauft sich die Haare, schließlich sagt er sichtlich gestresst: »Das nehme ich auch.«

»Nachmacher«, zetert Max. Ich gebe ihm einen kleinen Stoß. Hinter uns haben viele Menschen die Schlange gewechselt. Mein Deo beginnt zu versagen. Sanne will inzwischen lieber einen Gartensalat, doch dann entdeckt sie die Armtasche.

»Ich nehme doch das Happy Meal«, verkündet sie fröhlich. »Dann kann ich meinen Kirsch-Labello unterbringen.«

Wir haben es geschafft. Ich könnte weinen vor Glück.

»Und Sie?«, fragt die Dame und sieht mich an.

»Einen Kaffee«, sage ich schnell. Und Champagner für alle, denke ich erleichtert. Falls es den hier gibt.

Doch zu früh gefreut. »Ach«, ruft die Dame. »Die Trainingskicker sind leider alle.«

»Nein!«, höre ich mich schrillen. »Das darf doch nicht wahr sein!«

»Ist ja nicht so schlimm, Mama, reg dich nicht auf. Dann nehmen wir eben den Sprungzähler oder lieber doch die Schiedsrichterpfeife?«

5

Lust auf Veränderung

Haben Sie die auch manchmal? Es gibt verschiedene Methoden, diese Lust auszuleben. Die meisten sind teuer. Viele bereut man später. Und was die Familie dazu sagt, ist noch mal ein ganz anderes Thema.

Sich in wilder Veränderungswut in die nächste Modeabteilung zu stürzen, kostet meistens sehr viel Geld und endet damit, dass man ein untragbares Kleidungsstück mehr im Schrank hängen hat. Seit meinem letzten »Jetzt muss aber mal was passieren«-Anfall, der auch irgendetwas mit Midlife-Crisis zu tun hatte, liegt ein transparenter Minirock in Leopardenoptik hinter einem Stapel Pullover. Er war sehr teuer, das Preisschild hängt noch dran, und jedes Mal, wenn mich ein neues Mimikfältchen überfällt, erinnert mich der Minirock stumm daran, dass ich nicht Sonya Kraus bin und auch gar nicht sein will und dass Älterwerden auch ganz nett sein kann. Ich meine, Brigitte Mira war doch auf ihre Weise auch ein ganz heißer Feger.

So richtig überzeugt war ich aber doch nicht. Den Minirock hat meine Tochter Sanne schließlich bei einer Verkleidungsparty getragen. »Der ist ja so herrlich peiiiiiiinlich!«, hat sie gerufen und sich als »Blöde Tussi« verkleidet. Die wahre Ursprungsgeschichte des »Tussi-Rocks« habe ich meiner pubertären Tochter erspart. Und dass ich mich immerhin eine Viertelstunde lang in einer Umkleidekabine ganz umwerfend darin gefunden hatte, auch.

Inzwischen habe ich einen neuen Weg gefunden, wenn mir

nach Veränderung ist, einen viel preisgünstigeren, um mich neu zu erfinden: Ich räume meine Wohnung um. Denn heißt es nicht, dass das Äußere auch das Innere widerspiegelt? Was will mir also diese bauchige, verstaubte Vase aus den Siebzigern über meinen Seelenzustand sagen? Dass ich Tante Gertrud, die sie mir vermacht hat, so besonders gern gehabt habe? Dass ich in der Lage bin, Dinge in Ehren zu halten? Nö, eigentlich nicht. Eher, dass ich keine Lust habe, ganz oben im Regal Staub zu wischen. Nachdenklich betrachte ich das orangefarben gescheckte Monstrum und schüttele den Kopf. Dieses Ding muss raus aus meinem Leben.

Sogleich fühle ich mich wohler. Was jetzt? Eine Rundum-Veränderung ist ein Vasen-Rausschmiss nun auch nicht wirklich. Man könnte ja mal das Sofa umstellen, den Teppich aufrollen, die Gardinen herunterreißen. Wild klopft mein Herz. Ja! Das werde ich tun, denn zu einer modernen, selbstbewussten, extravaganten Frau (all das beschließe ich ab sofort zu sein) passt diese überaus spießige Wohnzimmereinrichtung nicht mehr. Energisch zerre ich am Sofa. Was soll diese stereotype Anordnung? Warum müssen sich alle Sitzmöbel um den Fernseher gruppieren? Mein neues wildes Ich keucht entsetzt. Wie KONNTE ich bloß so lange so leben? Wenig später steht das Sofa lässig mit dem Rücken zum Fernseher. Das sieht geradezu avantgardistisch aus. Wer will schon fernsehen im Hause Wekwerth? Hier wird ab sofort über Kunst diskutiert, hier werden Lesungen und Vernissagen stattfinden. Ich sollte mir einen Opiumtisch anschaffen. Ich werfe einen skeptischen Blick auf den langen Kratzer im Parkett, den das Sofageschiebe verursacht hat. Na und? Nicht immer alles so perfekt, Frau Biedermann … Ab sofort sehe ich das Leben gelassener. Was so eine Ummöblierung alles bewirkt!

Jetzt die Gardinen von den Fenstern gerissen. Eine einzige, energische Handbewegung befreit mich von der bürgerlichen Last. Ich will ab sofort hinaussehen können, dem Himmel, den Bäumen näher sein. Doch wo man hinaussehen kann, kann man auch hineinsehen. Und das tut gerade Frau Kröger vom gegenüberliegenden Balkon. So wahnsinnig befreit von bürgerlichen Konventionen bin ich noch nicht. Es stört mich. Vielleicht gewöhne ich mich noch daran? In diesem Moment kommen die Kinder nach Hause.

»Was ist denn hier los?«, fragt Samuel. »Wieso reißt du die Gardinen runter?«

»Wenn wir das gemacht hätten«, beschwert sich Mäxchen.

»Jetzt kommt gleich Kim Possible im Fernsehen«, sagt Sanne.

Wie eine verkrampfte Braut ihren Schleier, halte ich noch immer die Gardine in meinen Händen. Und glaube die neugierigen Blicke der gesamten Nachbarschaft in meinem Rücken zu spüren. Ach was, der ganzen Welt.

Rittlings hocken sich die Kinder auf die Sofalehne, verdrehen die Hälse und sehen sich ihren Zeichentrickfilm an.

Es sieht sehr ungemütlich aus.

Auf dem Weg zur Mülltonne, mit Tante Gertruds Blumenvase unter dem Arm, treffe ich Frau Kröger.

»Schicke Vase«, sagt sie. »Ist ja wieder ganz im Trend.«

»Ach ja?«, frage ich.

»Ja, unbedingt. Bei IKEA gibt es jetzt sogar eine ganz neue Retro-Kollektion. Alles im Stil der Siebzigerjahre. Aber Ihre Vase ist bestimmt ein Original.«

»Natürlich!«, rufe ich und presse das gute Stück fest gegen mein Herz.

»Wo wollen Sie denn damit hin?«

Ich denke scharf nach. »Ich gehe ein wenig mit meiner Lieblingsvase spazieren«, antworte ich.

Das Sofa steht an seinem alten Platz, die Gardinen hängen wieder. Nur Tante Gertruds Vase hat einen Ehrenplatz erhalten. Die Sache mit den Künstlertreffen in meinem Wohnzimmer verschiebe ich vorerst ein paar Jahre. Der Kratzer im Parkett wird mich schon daran erinnern.

6

Wenn das schlechte Gewissen plagt ...

Meist fängt es ganz harmlos an: Ich habe keine Lust, die Geschichte von »Töffelchen«, dem kleinen Bernhardiner vorzulesen, die Kinder sagen: »Nie hast du Zeit für uns!« Und dann geht's los.

Sofort bekomme ich ein schlechtes Gewissen.

Warum habe ich mir so lange die Fingernägel gefeilt, anstatt mich um die Kinderchen zu kümmern? Warum habe ich so lange mit meiner Freundin telefoniert und anschließend (große Vernachlässigungs-Sünde!) eine halbe Stunde auf dem Balkon geschlafen? Warum schlafe ich überhaupt? Wenn ich es recht bedenke, habe ich eigentlich immer ein schlechtes Gewissen.

Alles, was ich tue, scheint irgendwie nicht genug zu sein.

Ich gieße die Blumen der Nachbarin. »Schade, dass Sie das Basilikumpflänzchen in der Küche übersehen haben«, lautet der Dank nach zwei Wochen. Anstatt zu sagen: »Stellen Sie sich nicht so an wegen eines lumpigen Basilikumpflänzchens, das in jedem Supermarkt zu haben ist!«, bekomme ich ein schlechtes Gewissen. Wie unaufmerksam von mir. Wie schlampig. Wie lieblos. Bestimmt darf ich nie wieder ihre Blumen gießen. Und dann fühle ich mich so richtig schäbig.

Ich mache den Kindern einen Grießbrei. »Gibt es dazu Kirschsoße?«, werde ich gefragt.

»Nein«, murmele ich beschämt, denn in mir gurgelt bereits ein schlechtes Gewissen, das sich gewaschen hat. Du liebe Güte. Ich bin die Mutter dieser liebreizenden Kinder. Ich muss doch wissen, dass sie Kirschsoße zum Grießbrei sehr schätzen. Nun sind sie enttäuscht. Ich habe versagt, ich bin eine Rabenmutter, die nicht einmal weiß, was ihre Kinder gern essen.

Ich dekoriere den Tisch für unsere Gäste.

Robert sagt: »Dass du immer alles so übertreiben musst«, und mir wird klar, wie recht er hat, ich werfe Geld und Zeit zum Fenster hinaus, derweil die Kinder vernachlässigt im Türrahmen hängen und anklagend die zerfledderte Version von »Töffelchen« in die Höhe halten.

Ich habe es ihnen schon wieder nicht vorgelesen. Meine armen, armen Kinder. Da haben sie schon keine Kirschsoße bekommen und dann das.

»Liest du uns vor?«, kräht Mäxchen prompt. Meine Kinder haben ein sehr feines Gespür für mütterlich-moralische Schräglagen.

»Ich muss diesen Tisch erst decken«, krächzt die Rabenmutter. Dass es in der Küche noch ein Kilo Pilze zu hobeln sowie einige andere Kleinigkeiten zu erledigen gibt, behalte ich für mich. Die Kinder blicken betreten zu Boden. Ob sie weinen? Sie sind mit einer amüsierfreudigen, geltungsbedürftigen Mutter geschlagen, die hemmungslos Abendgesellschaften gibt und ihren Kindern keine Aufmerksamkeit schenkt.

»Ich habe euch doch vorhin drei Willi-Wiberg-Bücher vorgelesen«, wage ich einzuwenden und zupfe schamesrot an der Satinschleife, die ich über den Esstisch drapiert habe. Wie oberflächlich von mir.

»Aber nicht Töffelchen«, heult es dreistimmig.

»Meine Güte«, entfährt es mir, »Sanne ist zwölf Jahre alt, was hat die noch mit dem blöden Schäferhund zu tun?«

Jetzt bewegt sich Familie Wekwerth auf eine Krise zu. Entsetzt werden Kinderaugen aufgerissen. Den Blick meiner Tochter werde ich nie vergessen. Ich überlade sie nicht nur täglich mit der Verantwortung, sich um zwei kleine Brüder zu kümmern, nein, ich zwinge sie auch dazu, viel zu früh erwachsen zu werden.

»Töffelchen ist kein Schäferhund, er ist ein Sennenbernhardiner«, sagt Samuel mit kalter Stimme.

»Dann soll Papa es vorlesen«, erwidere ich.

Robert reißt den Kopf hoch, der eben noch friedlich über einer Zeitung geschwebt hat. »Ich?«, fragt er entsetzt. »Ich habe keine Zeit.«

Von schlechtem Gewissen hat er noch nie etwas gehört. Hat er überhaupt eins? Ob schlecht oder gut?

»Was machst du denn so Wichtiges?«, fauche ich, denn so allmählich geht mir mein eigenes Gewissen auf die Nerven. Aus der Küche riecht es brenzlig, das Wohnzimmer ist unaufgeräumt, die Satinschleife auf dem Tisch sieht aus, als hätte ich sie aus der Weihnachtskiste gekramt.

Mit ernstem Gesicht sieht mich Robert an. In seinen braunen Augen ist eine Menge zu lesen. »Nur weil du immer alles so perfekt machen willst …«, beginnt er einen Satz, dessen Ende ich mir gar nicht anhören will.

»Das sind auch deine Gäste, die in zwei Stunden zum Essen kommen, das sind auch deine Kinder, die das blöde Töffelchen hören wollen, ich bin auch deine Frau, die …«

An dieser Stelle unterbreche ich meinen Bericht besser. Robert hat allerlei Unerfreuliches zurückgeantwortet. Zum Beispiel, dass ich mich aufführe, als wäre ich eine TV-Kandidatin beim »Perfekten Dinner«.

Mit dem verbrannten Braten hätte ich da sowieso nicht gepunktet.

Dann hat Robert aufseufzend zum Kinderbuch gegriffen und hat die Geschichte von »Töffelchen« vorgelesen, die ich mit halbem Ohr, zwischen Küche, Wohnzimmer und Bad mitverfolgt habe.

Die Moral der Geschichte war, dass »Töffelchen« lernen muss, mehr an sich zu denken und es nicht immer jedem Recht machen zu wollen. Hätte ich doch meinen Kindern bloß schon viel früher diese reizende Geschichte vorgelesen. Von »Töffelchen«, dem netten, tapferen Sennenbernhardiner, kann ich noch viel lernen.

7

Ein schrecklich netter Hochzeitstag ...

... sollte es werden. Doch Hoffnung und Enttäuschung folgen einander leider oft, besonders bei feierlichen Anlässen. Anders herum funktioniert es manchmal auch: Man erwartet gar nichts und alles wird toll. Nicht an diesem Tag.

Der Abend, den ich neulich mit Robert in einem Restaurant verbracht habe, war nämlich alles andere als märchenhaft. Er lässt sich eher unter der Kategorie »Zu hohe Erwartungshaltung mit automatisch anschließendem Ehekrach« einstufen.

Es war unser Hochzeitstag und wir hatten uns ein französisches Restaurant ausgesucht, in dem wir viel Gutes essen und mehrmals mit Champagner auf unsere glückliche Ehe anstoßen wollten.

»Der passende Rahmen«, flüsterte Robert, als wir Platz genommen hatten. Wie richtig. Und eben weil der Rahmen passen musste, ärgerte ich mich über seine Platzwahl. Wir saßen in unmittelbarer Nähe zu den Toiletten, Ich glaubte sogar die Spülung hören zu können, aber es war dann doch der Kellner, der gerade den Champagner in zwei Gläser füllte.

»Auf unser Wohl.« Wir prosteten uns zu, tranken einen Schluck und ich versuchte, mich zu entspannen. Was ist schon eine Toilettentür, wenn man einem so netten Mann gegenübersitzt, der der eigene Ehemann ist.

Was hat er denn da bloß für eine Krawatte ausgesucht, fragte ich mich plötzlich. Ich hasse karierte Krawatten!

»Wieso hast du keine andere Krawatte um?«, quoll es aus meinem Mund.

Erstaunt sah mich Robert an. »Die hast du mir doch zu Weihnachten geschenkt.«

Ich konnte mich nicht erinnern. Solch eine Scheußlichkeit sollte ich verschenkt haben? Wahrscheinlich hatte ich im Weihnachtsstress des vergangenen Jahres einige Päckchen vertauscht, und Onkel Kurt in Darmstadt wundert sich heute noch über die sexy-rote Herrenunterwäsche, die er damals von mir erhalten hat.

Wie dem auch sei – gegenüber einer Klotür und einer karierten Krawatte kann ich mich nicht entspannen. Hochzeitstag hin oder her. Jetzt soll es endlich perfekt sein. In meinem nervösen Magen rumpelt die saure Kohlensäure des Champagners. Gleich bekomme ich Bauchweh.

»Deine Frisur ist ja heute lustig«, murmelt Robert, bevor er sich auf die Speisekarte konzentriert.

MEINE FRISUR IST LUSTIG? Das sagt ausgerechnet einer, der solche Krawatten trägt?

Und was sagt er noch? »Dass die hier nicht Deutsch auf den Speisekarten schreiben können! Das ist reine Angeberei.«

»Wenn man kein Französisch spricht, hat man es eben schwer«, erwidere ich spitz.

»So, so, Madame«, gibt Robert beleidigt zurück. »Was sollen denn bitte ›Cailles au chou‹ sein, hm?«

Ich nehme zu hastig einen Schluck Champagner, verschlucke mich prompt, huste eine Weile herum, ruiniere mir das Augen-Make-up und bekomme Bauchschmerzen.

»Cailles sind … hm … Tauben, glaube ich. Und chou … ah, da kommt ja die Bedienung, dann frag doch die am besten.«

Komplizenhaft grinst Robert eine puppenhaft kleine Kellnerin an. »Meine Frau empfiehlt mir die Täubchen, was meinen Sie dazu?«

»Wir abben keine Taubäään«, näselt die perfekte Kreuzung

von Audrey Tautou-Hepburn und bedenkt mich mit einem giftigen Blick aus rehbraunen Scheinwerfer-Augen. Ich verdrehe meine kleinen, ausdruckslosen Schweine-Augen in Richtung der sich immer wieder öffnenden und schließenden Klotür. Als ich wieder hinsehe, hat Audrey all ihre Aufmerksamkeit meinem Mann geschenkt.

Die beiden palavern eine anstrengende Weile lang über Weine, über Vor- und Nachspeisen. Wäre doch Robert mit Audrey essen gegangen, er hätte sich ganz sicher besser unterhalten als mit mir.

»Aaah, Robääär«, höre ich sie gerade rufen. »Sie sind ein Kenner!« Und dann entschwebt sie endlich elfengleich in die Küche, wo sie hingehört.

»Was sollte das denn?«, gifte ich eifersüchtig über den Tisch. »Seid wann stehst du auf magersüchtige Teenager?«

»Hä?«, macht Robäär mit der karierten Krawatte und geht mir auf die Nerven. In diesem Moment knallt die Toilettentür besonders laut zu, mir fällt auf, dass am Nebentisch geraucht wird, dass ich im Zug sitze, dass ich immer noch nicht weiß, was ›Cailles au chou‹ nun sein sollen. Und dass ich ganz dolles Bauchweh habe und nach Hause ins Bett will. Allein!! Nur mit meiner herzförmigen Wärmflasche. So ist das eben nach zehn Jahren Ehe. Bu-hu-hu, jetzt kriege ich meinen Moralischen.

Robert hat kurz darauf unsere Bestellung wieder annulliert, hat den Champagner bezahlt und dann seiner unter schmerzhaften Blähungen leidenden Ehefrau aus dem Stuhl geholfen. Dass es Blähungen waren, habe ich ihm natürlich verschwiegen, habe etwas vom Blinddarm geflüstert und war sehr zufrieden zu beobachten, wie besorgt mein lieber Mann um mich war. Zu Hause angekommen hat er mir Kamillentee gekocht und ich habe ihm die karierte Krawatte abgenommen und dann war es auf einmal ein richtig netter Hochzeitstag. Auch ohne Wachteln mit Kohl (Cailles au chou). Wer mag denn so was? Und ohne Audrey Tautou-Hepburn.

8

Omas Verwöhn-Programm …

…ist mein Untergang. Erziehungstechnisch. Denn immer wenn meine Mutter ihre schützenden Flügel über die Brut legt, komme ich mir vor wie eine besonders fiese Spielverderberin.

Und die bin ich letztlich auch. Deutlich steht es in den Augen der lieben Kleinen geschrieben. »Lass die Kinder doch ein wenig fernsehen«, sagt meine Mutter milde, als lautstark gegen meinen Ausschaltversuch protestiert wird.

»Die Kinder glotzen seit zwei Stunden«, gebe ich zurück und mein böser, böser Zeigefinger nähert sich spitz und grausam dem Schalter.

Die Kinder winseln, als würde ich ihnen gleich Stromstöße verabreichen. Prompt breitet Oma die Flügel aus. »Es ist so eine niedliche Geschichte, ich möchte auch gern wissen wie sie ausgeht!«, ruft sie trickreich. Bewundernd blicken die Kinder zu ihr auf.

»Es ist eine ganz blöde Zeichentrickserie, bei der es darum geht, wer dem anderen den größeren Hammer auf den Kopf haut!«, rufe ich gequält. Denn alle sind gegen mich. Alle! Selbst Lucky, unsere Promenadenmischung, hat sich bequem zur Oma aufs Sofa gekuschelt, obwohl der Hund weiß, dass er da nicht hingehört. Den Kopf auf das Knie meiner Mutter gelegt, blickt er mich vorwurfsvoll an. Wie kannst du diesen netten, gemütlichen Nachmittag so stören, sagt sein untreuer Hundeblick. Mein Zeigefinger zittert.

Dann guckt mich keiner mehr an. Alle Augenpaare sind wieder auf den Fernseher gerichtet, in dem der Kater Tom gerade einige Stangen Dynamit in Jerrys Mauseloch stopft.

»Köstlich«, freut sich meine Mutter. »Ist das nicht sehr, sehr komisch?«

Ich bin wütend, Mutter lächelt froh …

»Das ist Verherrlichung von Gewalt!«, wüte ich. Keiner antwortet.

Kurz darauf gibt es eine Detonation, Jerry-Maus kommt verkohlt aus dem Mauseloch gewankt. Wieherndes Gelächter lässt das Sofa erbeben. Am lautesten von allen lacht meine Mutter. Sie schlägt sich sogar auf die Schenkel. Selbst Lucky sieht erheitert aus.

»Wenn der Schwachsinn vorbei ist, kommt ihr in die Küche essen«, sage ich grollend. Und mit strengem Blick auf meine Mutter, die gerade Gummibärchen in offene Kinder- und Hundemäuler fallen lässt, wiederhole ich sehr deutlich: »Alle!«

In der Küche koche ich vor Wut. Nebenbei koche ich Brokkoli. Kinder brauchen Vitamine, obwohl ich den Eindruck habe, dass sie in letzter Zeit (genau genommen, seitdem meine Mutter zu Besuch ist) nur noch Geschmacksverstärker, Verdickungsmittel, Kohlensäure und den Farbstoff E 124 benötigen.

Eine halbe Stunde später sitzen sie am Tisch. Immer noch sehr mitgenommen von den Heiterkeitsausbrüchen.

»Und wie Jerry schließlich die böse Bulldogge auf die blöde Katze gehetzt hat …«, kichert meine Mutter und füttert Lucky mit einer Scheibe Schinken.

»Der Hund wird nicht am Tisch gefüttert«, rufe ich in das laute Gelächter.

Lucky kaut genussvoll. Ab sofort wird er kein Frolic mehr wollen, nur noch handgereichten Serrano-Schinken.

»Ich esse keinen Brokkoli«, nölt Sanne.

»Ich habe keinen Hunger«, sagt Samuel.

»Was gibt es zum Nachtisch?«, fragt Mäxchen.

»Es gibt keinen Nachtisch«, ruft die Spielverderberin vom Dienst. Das bin ich, falls Sie es noch nicht mitbekommen haben.

»Schade«, sagt meine Mutter. »Ich kann ja schnell einen Pudding kochen.«

»Nein!«, brülle ich.

»Jaaa!«, brüllen die Kinder.

»Ihr sollt jetzt was Vernünftiges essen!«, befehle ich und häufe Brokkoli auf die Teller.

»Oma soll Kirschsuppe machen«, ruft Samuel und starrt auf die Brokkoliröschen, als wären sie Gift.

»Oma SOLL gar nichts«, entgegne ich.

»Hast du auch eben gesagt«, kontert Sanne. »Wenn sie nichts soll, dann sollen wir auch nichts.«

Zwölf Jahre Schwerstarbeit an Erziehung lösen sich gerade in einen rauchigen Haufen auf.

»Lass sie doch«, sagt meine Mutter mit freundlichem Lächeln. »Ich mache ihnen schnell eine Kirschsuppe.«

»Nein«, sage ich ein letztes Mal und möchte mich am liebsten in einem Wutanfall am Boden wälzen.

»So war sie schon als Kind«, flüstert meine Mutter verschwörerisch den Kindern zu und zieht eine Grimasse.

Ich fühle mich unverstanden und ungerecht behandelt. So ähnlich wie Jerry in seiner Mausehöhle. Besänftigend legt meine Mutter ihre Hand auf meine.

»Du bist ein wenig überarbeitet, Liebes«, sagt sie. »Was hältst du von folgender Idee? Du lässt dir jetzt ein feines Bad ein, die Kinder essen ihren Brokkoli und zum Nachtisch gibt es Kirschsuppe, hm?«

Am Tisch wird gejubelt. »Oma ist die Beste!«-Hochrufe ertönen. Ist sie wohl.

Geschlagen ziehe ich mich in die Badewanne zurück und versinke in Orangenblütenschaum. Als ich wieder auftauche, sitzt meine Mutter am Wannenrand. Sie hält zwei Gläser Sekt in die Höhe und sagt: »Weißt du, es ist so toll, Großmutter zu sein. Du kannst die Kinder verwöhnen und wenn es um die Erziehung geht, bist du wieder abgereist. Eines Tages wirst du mich verstehen. Prost!«

Und dann haben wir angestoßen: Auf das Glück, eines Tages mit seinen Enkelkindern Marshmallows ins Sofa zu schmieren und dumme Zeichentrickfilme zu gucken. Darauf freue ich mich schon richtig.

9

Herbst-Melancholie

Nun ist es höchste Zeit, ein Entspannungsprogramm für die Herbst-Seelchen einzuleiten. Denn die haben das gerade ganz besonders nötig.

Damit meine ich nicht jene unter uns, die es toll finden, in Stiefeln durch Blätterhaufen zu toben, einen neuen Wollschal um den Hals geknotet. Nein! Ich meine jene, die mit dem Fallen der ersten Blätter eine unergründliche Melancholie überfällt. Wenn Sie eher der windzerzauste Kastanienaufsammler-Typ sind, dann legen Sie diese Geschichte besser beiseite. Denn sie wird Sie ganz sicher nicht ansprechen. Sie ist für die sensiblen, verwundbaren Seelen geschrieben worden, für Leute wie mich. Gedankenverloren stehe ich am Fenster, blicke hinaus in einen windigen Nachmittag und frage mich, wo der Sommer geblieben ist, der doch gerade erst angefangen hat. Mir ist jedenfalls so. Ich seufze. Bald werden die ersten Pakete Spekulatius in den Supermarktregalen liegen. Bald fällt der erste Schnee. Wieder ein Jahr um. Ich seufze noch mal. Diesmal lauter. Lucky, unser Mischlingshund, guckt mich an und wedelt sanft mit dem Schwanz.

»Die Zeit vergeht«, flüstere ich ihm zu und fast möchte ich anfangen, ein bisschen zu weinen. So traurig ist das alles. Wie aufs Stichwort weht ein gelbes Blatt am Fenster vorüber.

Lucky wedelt heftiger mit dem Schwanz. Dieses Tier ist vollkommen unsensibel. Ich wende mich ab und gehe durch die leere Wohnung. All meine Lieben sind ausgeflogen. Wie still es

ist. Ein leeres Nest. Ich lasse meine Gluckenmutter-Flügel hängen und tue mir so richtig leid.

Doch bevor ich mich meinem Herbst-Blues unterwerfen kann, höre ich es hinter mir rascheln. Es ist Lucky, der mir gefolgt ist und mich nun unternehmungslustig anstarrt.

»Was willst du denn?«, meckere ich ihn an.

Ein kurzer Kläfflaut ertönt.

»Ab ins Körbchen«, sage ich streng und überlege, ob ich mir etwas Gutes tun sollte. Das, was in den Zeitschriften immer als »Verwöhn-Programm zu Hause« beschrieben wird.

Von einem Flugticket in die Südsee ist da nie die Rede, immer nur von »Ganzkörper-Peeling« und »Rosenblättern im Badewasser«.

Allein der Gedanke daran langweilt mich aufs Unerträglichste. Geschwächt lasse ich mich aufs Sofa fallen und schalte den Fernseher ein. Eine Talkshow läuft gerade. »Ich habe mit dem Mann meiner besten Freundin geschlafen« lautet das Motto und eine dicke Blonde ist gerade ziemlich sauer.

Ich unterdrücke ein Gähnen und schalte um. Es läuft Werbung für luftdurchlässige Slipeinlagen. Lauter fröhliche Frauen hüpfen wahnsinnig beschwingt durch die Gegend. Haben die alle nicht mitbekommen, dass der Herbst Einzug hält?

Auf dem nächsten Sender wird auf witzig-spritzige Art Schmuck verkauft. Alle haben gute Laune. Das geht mir allmählich auf den Wecker. Selbst Lucky, der gerade aufs Sofa gesprungen ist, scheint mich anzugrinsen. Es ist eine Verschwörung. Vor den Fenstern heult der Wind. Bin ich denn die Einzige auf der Welt, der das etwas ausmacht?

Ich schalte den Fernseher wieder aus und gehe, Lucky auf den Fersen, in die Küche. Ich könnte mir einen indischen Tee kochen, der mir Schlacke und Übellaunigkeit gleichermaßen aus dem Organismus spült.

Allerdings hätte ich eher Lust auf einen doppelten Cognac. Doch davon kriege ich nur wieder Kopfweh. Das werde ich von dem vielen Wind da draußen sowieso bald bekommen, denke ich und seufze mal wieder.

Lucky scharrt unruhig auf den Küchenfliesen herum. »Was denn?«, rufe ich entnervt.

Er winselt und tanzt wie besessen eine Art Hunde-Polka. Plötzlich verstehe ich. Das arme Tier muss dringend an den nächsten Baum geführt werden! Das habe ich vor lauter Verstimmung ganz vergessen. Herbst hin oder her, das Leben geht wohl weiter. Auf jeden Fall für Lucky.

Er rast vor mir die Treppe hinunter, zerrt mich aus der Haustür hinaus ins Freie und erleichtert sich keuchend am nächsten Baumstamm. Armer Kerl. Es dauert eine Weile.

Derweil betrachte ich die fallenden Blätter. Dann lasse ich mich von Lucky in den Park ziehen. Gar nicht so übel hier. Es riecht gut. Und ich ertappe mich dabei, wie ich ganz unsensibel in einen Blätterhaufen trete.

Außenstehende könnten jetzt fast annehmen, es würde mir hier Spaß machen. Ich hebe Kastanien auf und werfe sie für Lucky. Nur damit der Hund etwas zu tun hat und aufhört, mich anzukläffen. Nur deshalb tue ich das.

Am Nachmittag werde ich mit den Kindern wiederkommen, um einen Strauß gelber Ahornblätter zu sammeln. Die sind nämlich wirklich sehr hübsch.

Und dann werden wir windzerzaust nach Hause gehen und Kakao und indischen Tee trinken und die ersten Spekulatius essen.

Und während wir aus den gesammelten Kastanien kleine Stillleben basteln, werden wir uns auf den nächsten Sommer freuen!

10

Anderer Leute Kinder ...

... sind entweder so dermaßen wohl gelungen, dass einem ganz schwindelig wird, oder sie sind kleine Pestbeulen. Ein Vertreter der letzteren Art war neulich bei uns zu Besuch und hörte auf den Namen Richard.

Ich muss dazusagen, dass meine Söhne, die sich irgendwo zwischen »einigermaßen gelungen« und »Pestbeule« einstufen lassen, hingerissen sind von Richard. So etwas sollte eine Mutter von vornherein misstrauisch machen. Doch ich ahnte nichts.

Richards Mutter sah auch ganz nett aus. Ihr ragte weder eine Maschinenpistole aus der Handtasche noch hatte sie einen kriminalistischen Ausdruck in den Augen. Sie war einfach eine ganz normale Frau, die ihren kleinen Sohn zum Spielen zu uns brachte. Sobald sie weg war, brach die Hölle aus, und Richard entpuppte sich auf der Stelle als echte Pestbeule. »Puuups!«, rief er, was von meinen Söhnen mit wieherndem Gelächter belohnt wurde. Überflüssig zu sagen, dass das Richard ungemein beflügelte.

»Kaka-Puuuups!«, schrie er mit sich überschlagener Stimme.

»Schluss jetzt«, ergriff ich das Wort. »Möchtet ihr gern Kakao trinken? Dann wascht mal eure ...«

»Kaka-Pipi-Puuuups!«, wurde ich rüde von drei hysterisch kreischenden Jungs unterbrochen, die vor Lachen auf dem Küchenboden zusammengebrochen waren. In diesem Augenblick klingelte das Telefon.

»ICH gehe ran«, versuchte ich das Trio zu übertönen, denn ich erwartete einen wichtigen Anruf von der Bank. Dabei sollte es um eine geringfügige Dispo-Überziehung gehen, wenn Sie verstehen. Also wirklich ziemlich wichtig. Doch Richard war schneller als ich.

Er angelte sich den Hörer und rief allerlei Unflätiges hinein. Dann legte er auf und wieder rollten drei kleine Jungs vor lauter Belustigung am Boden.

»Das war aber gar nicht nett von dir, Richard«, rügte ich die Pestbeule. Das ist der Nachteil an den Kindern anderer Leute: Man kann sie nicht einfach eine Viertelstunde lang ins Bad sperren und mit Fernsehverbot bedrohen. Am liebsten hätte ich Richard allerdings aus dem Fenster geschmissen.

Auch das ging leider nicht.

Während in meinem Kopf weitere Gewalt-Fantasien erschreckend klare Konturen annahmen, klingelte wieder das Telefon.

»Ich!«, brüllte ich und schubste sechs schmutzige, gierig ausgestreckte Pestbeulen-Pfoten aus dem Weg. »Hallo!«, schrie ich verzweifelt in den Hörer. Im Hintergrund tosendes Gelächter. Die Schwiegermutter meldete sich mürrisch zu Wort.

»Kommt«, hörte ich Richard sagen, »wir bauen Wasserbomben.« Und damit verzogen sie sich, und es wurde trügerisch still in der Wohnung.

»Was ist denn bei dir wieder los?«, fragte meine Schwiegermutter.

»Hast du eben schon mal angerufen?«, fragte ich hoffnungsvoll zurück.

»Nein!«

Mist! Dann war es doch der Typ von der Bank gewesen. »Ich kann nicht lange reden«, erklärte ich.

»So!«, wurde ich sogleich gerüffelt. »Aber einen Moment wirst du wohl Zeit haben und dir erklären lassen, wie man ein Soufflé macht. Frau Bromberg hat auch gesagt, dass …«

Nebenan ging etwas zu Bruch. Ich legte den Hörer sanft beiseite (ich weiß gar nicht, wer Frau Bromberg ist) und schlich mich ins Wohnzimmer, wo die Jungs gerade versuchten Wasser aus einer Blumenvase in Luftballons zu füllen.

»Spinnt ihr?«, brüllte ich. Vor lauter Schreck ging dabei eine weitere Vase zu Bruch. Sechs blaue Kinderaugen blickten voller Unschuld zu mir auf. Sechs magere Kinderschultern wurden angstvoll nach oben gezogen. Du meine Güte. Kleine Münder verzogen sich verschreckt, gleich würden sie weinen. Nein, bitte nicht. Da öffnete sich schon der erste Mund und ein lang gezogenes »Puuups!« erklang. Es klang nicht besonders reuevoll. Und dann wurde wieder gelacht und sich gewälzt, und am Telefon war die Schwiegermutter tödlich beleidigt. Deswegen legte ich schnell auf. Frau Bromberg wird bestimmt bereits unterrichtet sein, was für eine disziplinlose Person ich bin. Mir doch alles egal, dachte ich wütend, während ich Scherben und Wasser aufwischte. Die Jungs hatten sich ins Kinderzimmer zurückgezogen, wo es Legosteine hagelte. Und Größeres. Wieder klingelte das Telefon.

»Ich werde wahnsinnig«, summte ich vor mich hin. Lautes Poltern klang aus dem Kinderzimmer. Ich hechtete mich zum Hörer. Zu spät. Es wurde gerade wieder aufgelegt. An diesem Nachmittag spielten die Jungs noch »Herr Holle« und ließen Mehl vom Balkon rieseln, bis ein Passant an der Tür klingelte und sich beschwerte. Sie stießen Kakaotassen um und riefen viele, viele Male »Puuuups!«, bis endlich Richards Mutter zum Abholen gekommen war.

Ich brach auf dem Sofa zusammen und schenkte mir einen Cognac ein.

Als Robert, der liebste Ehemann, nach Hause kam, sagte er: »Na, du machst es dir aber immer nett, was? Wirklich beneidenswert!«

Wissen Sie, was ich geantwortet habe? Vielleicht lag es an meinem zerstörten Nervensystem. Oder am Cognac. Ich weiß es nicht, aber ich habe laut und deutlich »Kaka-Puuuups!« gesagt und das entsprach auch ganz genau meiner geistigen, seelischen und körperlichen Verfassung. Bei der Bank rufe ich besser erst nächste Woche zurück.

11

Mama, gib den Löffel ab!

Fordern meine Kinder, die seit Kurzem wahre Koch-Experten sind. Leider ist ihr Held Tim Mälzer – und nicht ihre Mutter.

Man kann ja kaum noch den Fernseher einschalten, ohne dass einem eine brutzelnde Pfanne entgegenlacht. Angefangen hat es vor vielen Jahren mit Alfred Biolek, der gemächlich (will sagen: im Schneckentempo) vor sich hin geköchelt hat. Abgelöst wurde er schon längst von kess frisierten jungen Männern, die neckisch mit Zwiebeln jonglieren und sogar beim Hacken von Spinat ein bisschen Testosteron versprühen. Alles auf einmal. Meine Jungs finden diese Typen ausgesprochen »coool« und hängen allabendlich an ihren Lippen. Feuerwehrmann will bei uns auch keiner mehr werden, nur noch Drei-Sterne-Koch.

»Sieh mal, wie schnell der Tim die Petersilie hacken kann!«, ruft Mäxchen und klammheimlich mache ich mir Sorgen um meine Söhne. Ob das normal ist? Müssen kleine Jungs nicht Formel-Eins-Rennen gucken, statt verzückt auf die flinken Finger eines Fernsehkochs zu starren?

»Jetzt kippt er Apfelsaft ins Sauerkraut«, freuen sie sich stattdessen. Auch meine vorpubertäre Tochter Sanne findet Kochsendungen toll. Was hat der ganze Krampf um die Emanzipation gebracht, frage ich mich mit sorgenzerfurchter Stirn, wenn Mädchen sich wieder Gedanken um Tischdekoration machen? Andererseits, sage ich mir, wenn auch die Jungs den Schneebesen schwingen … dann prügelt sich die kommende Generation vielleicht um den Platz am Herd. Während ich mir all diese konfusen Gedanken mache, zersäbelt Tim Mälzer gerade hingebungsvoll eine Mango. »Die kommt jetzt in die Soße«, freut sich Mäxchen.

Das bestätigt Tim Mälzer nickend aus dem Fernseher. »Mango gibt dem ganzen Braten den Kick«, lispelt er freundlich. Es ist nicht nur so, dass ich mir Sorgen um die kommende Generation mache (ein untrügliches Zeichen dafür, älter zu werden), dazu kommt die unangenehme Tatsache, dass ich in letzter Zeit mit sechs Argusaugen in der Küche überwacht werde.

»Was is' 'n das für 'ne Gurke?«, fragt Samuel und beäugt angewidert mein Küchenmesser.

»Das ist ein Messer«, kläre ich ihn auf und schnippele schneckenlahm an einem Salatkopf herum.

»Tim Mälzer benutzt japanische Messer«, erklärt mir Sanne.

»Schön für ihn«, murre ich und zerre mein uraltes, stinknormales, deutsches Messer durch eine Zwiebel.

»Wie sie das macht«, flüstert Max seinem Bruder ins Ohr. Seine Stimme trieft vor Geringschätzung.

»Sie braucht ein Santoku-Messer«, weist Sanne ihn halblaut zurecht.

»Ich habe alles, was ich brauche«, erwidere ich grimmig und es hört sich an wie Oma Lisbeth aus dem Altersheim. In diesem Moment rutscht die stumpfe Klinge an der Zwiebel ab und das misshandelte Gemüse springt vom Schneidebrett auf den Fußboden. Die Kinder sind sehr amüsiert.

»Santoku heißt auf Deutsch: die drei Tugenden«, sagt Sanne, als sie sich beruhigt hat. »Dieses Messer schneidet Fisch, Fleisch und Gemüse.«

»Grrrr«, knurre ich und denke: Vielleicht schneidet es auch die Kehlen von Fernsehköchen durch.

»Wir gucken jetzt noch ›Das perfekte Dinner‹«, informiert mich Sanne und ich widerspreche nicht, denn ich will gern mit meinem peinlichen, tugendlosen Küchenmesser herumhantieren, ohne dabei ausgelacht zu werden.

Eine halbe Stunde ist es mir vergönnt. Als ich gerade Salatsoße anrühre (primitiverweise mit einer Gabel) strömen die

Kinder in die Küche zurück. »Käsepralinen und Flußkrebsschwänze passen einfach nicht zusammen«, sagt Samuel gerade.

Dann verstummt er plötzlich. Stille herrscht in der Küche. Nur das Surren meiner Gabel ist zu hören.

»Was wird denn das?«, fragt Sanne. Ich antworte nicht mehr. Ich werde sie einfach ignorieren.

»Mama«, ruft Mäxchen flehend. »Machst du uns auch mal Zanderfilet mit Kirschen?«

»Ja!«, freut sich Sanne. »Denn Fisch und Frucht harmonieren ganz wunderbar!« Habe ich etwas falsch gemacht?

»Deckt mal bitte den Tisch«, sage ich. Und um das Thema zu wechseln frage ich das, was alle Mütter fragen, wenn sie versuchen, wieder die Oberhand zu erlangen. »Habt ihr eure Schularbeiten gemacht? Habt ihr eure Hände gewaschen?«

»Ja, ja«, lautet wie immer die Antwort. Dann wird es auf einmal hektisch hinter mir am Küchentisch. »Was macht ihr?«, frage ich nervös und schütte Dressing über den Salat, was meine Kinder mit kritischem Blick zur Kenntnis nehmen.

»Zu früh«, zischt Samuel.

»Was macht ihr?«, frage ich wieder.

»Ein bisschen Tisch-Deko muss schon sein«, erklärt Mäxchen pikiert und verteilt eine ganze Playmobil-Polizeistation zwischen den Tellern.

»Jetzt noch ein paar Dinos«, sagt Samuel.

Sanne arrangiert Lavendelstängel, die sie vom Balkon gerupft haben muss, und knotet Satinschleifen um die Gabeln.

Als wir endlich sitzen, erhalte ich fünf Punkte für meinen Salat (»zu salzig«) und zehn Punkte für den fertig gekauften Pudding aus dem Becher (»perfektes Vanille Aroma«). Zum nächsten Geburtstag wird mir ein Buch von Jamie Oliver in Aussicht gestellt. Oder ein Santoku-Messer.

»Damit aus dir noch mal was wird«, erklärt mir Mäxchen milde lächelnd. Es gibt wohl noch Hoffnung.

12

Sind Sie prüde?

Ich dachte immer, ich wäre es nicht, aber letzten Donnerstag um neun Uhr dreißig wurde ich eines Besseren belehrt.

Um diese Uhrzeit war ich nämlich mit Marie, meiner besten Freundin, in einer großen Wellness-Anlage verabredet.

»Das ist so wunderbar entspannend«, hatte Marie vorher geschwärmt. »Es gibt Kräuter- und Dampfsaunen und Whirlpools. Es ist einfach himmlisch dort, und hinterher bist du ein neuer Mensch.«

Natürlich habe ich Lust bekommen. Dass ich hinterher tatsächlich einen ganz neuen Zug an mir entdecken würde, konnte ich zu diesem Zeitpunkt noch nicht wissen. Aber lesen Sie selbst:

Meine Badetasche lässig geschultert, wild entschlossen, auf der Stelle zu relaxen, was das Zeug hält, traf ich mit Marie in dem feudalen Badetempel ein. Die Klänge einer Panflöte waberten beruhigend durch die perlmuttfarben geflieste Eingangshalle. Sehr stilvoll das Ganze. Jetzt schnell in die Umkleidekabine, hinein in den gestreiften Bikini, und dann sollte der Spaß endlich losgehen.

Ehrfürchtig betraten Marie und ich das Zentrum der Entspann Anstalt. Warme Luft schlug uns entgegen, das Blubbern von Wasser wurde hörbar. »Haaa«, hörte ich mich rufen und verzückt tappte ich in Richtung Becken. Jetzt gleich würde ich versinken in warmen Fluten, jetzt gleich …

»Halt!«, hörte ich eine gestrenge Stimme hinter mir und der

Albtraum begann. »Im Sauna- und Wellness-Bereich ist das Tragen von Badebekleidung untersagt«, erklärte mir ein junger Mann (schätzungsweise 25 Jahre jung). Auf seinem T-Shirt hing ein Schild: »JENS-ich-helfe-Ihnen-gern-weiter!«

Fassungslos drehte ich mich zu Marie um. »Pah«, zischte ich ihr zu. »Dieser Jens glaubt doch wohl nicht im Ernst, dass ich mich hier vor ihm ausziehe …« Doch alles, was ich von Marie noch erblicken konnte, waren ihre blanken Hinterbacken. »Marie!«, gellte meine Stimme voller Entsetzen.

»Komm schon«, antwortete Marie und drehte sich um. Vollkommen nackt stand sie vor mir und diesem … Jens, der so tat, als wäre nichts.

»Was ist?«, fragte Marie in aller Unschuld. Und da fiel mir erst auf, dass hier tatsächlich alle, ich wiederhole ALLE, nackt waren, Männer, Frauen, Kinder. Alle, außer Jens, der wohl so was wie ein Bademeister sein musste.

Gerade kam ein dicker Mann an mir vorbei, kratze sich gelangweilt die Brust und schlawenzelte dann in die Dampfsauna. Oder sollte ich besser sagen: schwänzelte?? Du liebe Güte. Und da hinten der Typ, der gerade seinen haarigen Hintern aus einem relativ kleinen Whirlpool reckte, der sah ja aus wie mein Zahnarzt. Nein, bitte nicht.

Marie zerrte von hinten an meinem Bikini-Oberteil. »Komm doch endlich!«, sagte sie. Jens hatte sich inzwischen verdrückt, beobachtete mich aber mit Argusaugen. Denn wenn in diesem Land etwas verboten ist, dann ist es so was von verboten.

»Was ist schlimm daran, wenn ich meinen Bikini anlasse?«, flehte ich.

»Bist du etwa verklemmt?«, fragte Marie. Und dann zuckte sie die nackten Schultern und begab sich zu dem haarigen Zahnarzt in den Whirlpool, der nicht viel größer war als meine Badewanne. Das ist mir viel zu intim, dachte ich, und sogar die Panik, die mich ergriffen hatte, war nackt. Splitterfasernackt!!! Ich setze mich nicht nackig zu fremden Männern in warme Wasserbecken. Davon könnte man theoretisch vielleicht sogar schwanger werden. Wer weiß das schon so genau? Und wie sollte ich das dann Robert, dem liebsten Ehemann erklären? Ich würde mich auch nicht zu nackten Frauen in solch einen Bottich hocken, um mich mit ihnen gemeinsam diesen wilden Wasservibrationen auszusetzen. Niemals!

Während ich verkrampft in mein Badetuch gehüllt dastand, winkte Marie vergnügt. Und mir war so, als zwinkerte mir der nackte Zahnarzt zu. So ein Wüstling. Jetzt erhob er sich. Bitte nicht. Eigentlich wollte ich es nicht, aber dann taten meine Augen einfach, was sie wollten und ich starrte ihm … Na ja. Machen wir uns doch nichts vor. Man guckt eben mal eine Etage tiefer, wenn es sich ergibt. Halleluja, mein Zahnarzt war – wie soll ich mich ausdrücken – gut bestückt. Jetzt ging er kalt duschen. Besser so. Eingehend betrachtete ich seine Hinterseite: ein bisschen zu flach für meine Begriffe. Fest stand, dass ich nie wieder seine Praxis betreten würde. Wie könnte ich?

Da kam Marie wieder auf mich zu. »Hier«, rief ich und bedeckte hastig ihre Blöße. »Dein Handtuch.«

»Ich brauche es doch noch gar nicht«, rief sie fröhlich und hüpfte vor mir auf und ab.

»Lass das!«, zischte ich. In diesem Augenblick kam Jens wieder auf uns zu. Bestimmt würde er mir jetzt den Bikini vom Leibe reißen. Denn Vorschrift ist Vorschrift. Doch ich war bereits auf der Flucht. Zurück in die Umkleidekabine. Später, in der Cafeteria, in der ich mich angezogen herrlich entspannen konnte, sagte Marie zu mir, ich wäre prüde. Und Nacktheit wäre etwas Schönes. Na ja. Ich weiß nicht so recht … ich habe lieber etwas an.

Mit herzlichen Grüßen, Ihre verklemmte Tanja Wekwerth

13

Frau zu sein wird immer schwieriger ...

Sich intensiv um die Kinder zu kümmern, verschafft einem den Titel »Gluckenmutter«. Frauen, die arbeiten, sind »Rabenmütter«.

Du liebe Güte, man kann es gar nicht richtig machen. Wenn ich auf der Parkbank sitze und versonnen meinen Kindern beim Spielen zusehe, kann ich mir die Kommentare meiner lieben Mitmenschen denken:

»Guck mal, die da drüben. Die hat wohl nichts zu tun. Hockt am helllichten Tag im Park rum. Mit der Zeitung auf dem Schoß. Als ob so ein Weibchen lesen könnte!«

Und wenn ich vor dem Computer brüte und meine Kinder anmeckere, leise zu sein, heißt es bestimmt: »Guck dir bloß mal Frau Wichtig am Computer an. Lässt ihre Kinder vor der Glotze verwahrlosen. Anstatt sich um sie zu kümmern, schreibt sie irgendwelche blödsinnigen Emanzen-Geschichten. Es ist ein Jammer!«

Ja, es ist ein Jammer, dass man sich für alles rechtfertigen muss. Neulich habe ich etwas über den Begriff »Quality Time« gelesen. Qualitäts-Zeit also. »Nicht die Zeit-Menge, die eine Mutter mit ihren Kindern verbringt, ist ausschlaggebend, sondern die Qualität der miteinander verbrachten Zeit«, stand da geschrieben.

Wer redet eigentlich von den Vätern, fragte ich mich. Und

dann fragte ich mich noch, ob zehn Minuten superharmonisches Puzzeln abends um neun wirklich etwas mit Qualität zu tun haben. Oder vielleicht doch eher etwas mit dem schlechten Gewissen … das einen schon wieder heimsucht.

Ich habe es trotzdem ausprobiert. Lesen sie selbst:

Es ist ein sonniger Nachmittag. Ich hätte gerade JETZT eine halbe Stunde Zeit. Später muss ich dringend mit der Bank telefonieren und anschließend Papierkram erledigen, aber JETZT würde es wirklich gut passen, JETZT beginnt die »Quality Time« …

»Wer will mit mir spii-ii-iielen?«, erklingt mein mütterliches Stimmchen in der Wohnung. Ich erhalte keine Antwort. Also mache ich mich frohgemut auf die Suche nach meinen Kindern. Schließlich tickt die Uhr.

Sanne liegt auf ihrem Bett und liest in einem dicken Schmöker.

»Was?«, fragt sie geistesabwesend und hebt nicht mal den Kopf.

»Wollen wir was zusammen machen?«, frage ich hoffnungsvoll.

»Nö«, sagt sie und dreht mir mitsamt Buch den Rücken zu.

»Hm«, denke ich ein wenig ratlos und gehe ins Jungszimmer. Hier wird gerade eine enorme Brio-Bahn konstruiert. Wieder hebt niemand den Kopf, als ich mein Spielangebot mache.

»Haaaaa!«, kreischt Samuel stattdessen. »Jetzt ist der Güterwagen in den Bahnhof gesemmelt. Harr! Harr! Was willst du denn, Mama?«

»Mit euch spielen«, erwidere ich und hocke mich neben die Gleise.

»Nee, lass mal«, antwortet Mäxchen und klopft mir gönnerhaft auf die Schulter.

»Aber einen Apfelsaft könntest du uns bringen.«

Moment mal! Das wird jetzt gerade das Modell »Steinzeit«, das Eva Herman propagiert: Muttis an den Herd und Klappe halten!

»Hol dir deinen Saft allein«, meckere ich und setze mich frustriert auf ein Kissen. »Ich wollte doch mit euch spielen.«

»Wir spielen schon«, sagt Samuel ungeduldig. »Außerdem hast du dich gerade auf das Kernkraftwerk gesetzt!«

Also bitte schön. Wer sitzt schon gern auf einem Kernkraftwerk? Ich erhebe mich, so würdevoll es geht, und gehe nachdenklich hinaus. Dann eben nicht, denke ich und laufe ein wenig ziellos herum. Schließlich mache ich mir einen Kaffee, greife zur Zeitung, hüpfe aufs Sofa, und …

Ja, genau. In diesem Moment bauen sich die Jungs vor mir auf. »Wir dachten, du wolltest mit uns spielen«, mosern sie.

»Das kann ja wohl nicht wahr sein!«, rufe ich und verstecke mich hinter der Zeitung.

»JETZT darfst du mitspielen«, wird mir erklärt.

»Aber JETZT will ich nicht mehr«, antworte ich. »JETZT trinke ich meinen Kaffee und dann muss ich zur Bank!«

»Tim und Struppi vorlesen«, stößt Samuel hervor. Es klingt wie eine Drohung.

»JETZT nicht«, erwidere ich unbeeindruckt.

»Niiie spiiielst du mit uns!«, lautet die einstimmige Antwort meiner Söhne. Ich seufze. Sollte ich ihnen jetzt die Sache mit der »Quality Time« erklären? Ich habe sie wohl selbst nicht so recht begriffen, sonst hätte sie mir nicht so viel Unfrieden beschert.

Was vielleicht einmal mehr zeigt, dass Mutterschaft eine viel zu persönliche und komplexe Angelegenheit ist, als dass man sie in Vorschriften und Merksätze pressen könnte.

Also lassen Sie sich bloß nicht verrückt machen. Jede Mutter macht es auf ihre Weise schon irgendwie richtig. Ich bin jedenfalls eine bekennende Rabenglucke.

So ein bisschen »Quality-Time« beanspruche ich nämlich auch für mich selbst.

14

Bin ich Mutter Teresa?

Nein, eher nicht. Ich besitze weder den Friedensnobelpreis, noch bin ich jemals in Kalkutta gewesen. Und eigentlich stehe ich auch niemals über den Dingen.

Dass sie das tut – den Eindruck hat diese kleine, alte Frau nämlich immer gemacht. Was hätte sie wohl meinem Sohn Max gesagt, der gerade eben mein geblümtes Zuckerdöschen zertrümmert hat?

»Ist doch nicht schlimm, mein Sohn«, hätte sie gesagt. »Es war ja nur in Gefäß. Sieh, hier habe ich noch einen Blechnapf, der kann nicht kaputtgehen.« Dann hätte sie ihm segnend über den Blondschopf gestrichen. »Auf den Inhalt kommt es an«, hätte sie vielleicht noch gemurmelt. Na ja, der lag ja nun auch in kristalliner Klebrigkeit auf dem Küchenboden verteilt. Was habe ich gesagt?

Ich habe laut gejammert. Denn es war mein Lieblingszuckerdöschen, geblümt, aus feinem Porzellan, und der Inhalt war mir ganz egal.

»Du Holzkopf«, habe ich Max angemeckert, »kannst du nicht aufpassen?« Einen Blechnapf hatte ich auch nicht zu bieten. So etwas besitze ich nicht einmal.

Sollte man nicht viel gelassener durch die heutige Zeit gehen? »Schweben« wäre der bessere Ausdruck. Was bedeutet schon eine Zuckerdose? All das denke ich mir, während ich den knirschenden Fußboden fege und gleich keine Zeit mehr haben werde, mir wenigstens die Haare zu kämmen, weil ich nämlich aus dem Haus stürzen muss und den Bus verpassen werde und alles wieder so VERDAMMT ärgerlich ist.

»Wirst du dies Döschen mit ins Grab nehmen können?«, fragt mich Mutter Teresa. (Im übertragenen Sinne natürlich, Sie verstehen schon).

»Nö«, murre ich bockig auf allen vieren und fuhrwerke mit dem Handfeger unter dem Tisch herum.

»Ich wollte es auch nicht irgendwohin mitnehmen, ich wollte es nur gern zu Lebzeiten benutzen.«

Seufzend stütze ich mich auf dem Feger ab und stoße mir dabei schmerzlich den Hinterkopf. »Diese Kinder machen so viel kaputt.«

Wie würde die Antwort einer Heiligen lauten? Vielleicht so? »Sie sind umgeben von zu vielen Dingen.« Wie lautet die Antwort einer konsumbegeisterten Sterblichen (ich meine mich!)?

»Wenn ich ihnen auch nur einen einzigen Playmobil-Wikinger wegnehmen würde, wäre die Hölle los. Und was meine Person betrifft, liebe Teresa: Ich BRAUCHE all diese Dinge, die mich umgeben, dringend.

Wie könnte ich ohne Waschmaschine existieren? Wie ohne Laptop? Ich BRAUCHE Tampons und Limetten-Duschgel, ich LIEBE frisch gebrühten Espresso.

In diesem Winter sind kleine, hochhackige Stiefelchen der letzte Schrei, ich bin SÜCHTIG nach Lakritzschnecken und ich VERMISSE mein Zuckerdöschen ganz fürchterlich!«

Oh Mann! Das wäre selbst für Mutter Teresa eine harte Nuss.

»Mama, führst du Selbstgespräche unter dem Tisch?«, höre ich die Stimme meiner Tochter.

»Ja, vielleicht«, gebe ich nachdenklich zurück, denn gerade glaube ich eine Antwort zu hören.

»All diese Dinge, die du glaubst zu brauchen, sind nur Zeichen deiner Unzulänglichkeit.«

Humpf. Das hat gesessen. Eins zu Null.

»Mama!«, ruft Sanne verunsichert. »Komm doch mal da raus.«

»Ich denke über das Leben nach«, erklingt meine Stimme

dumpf unter dem Tisch. Ich sitze vor einem kleinen Häufchen Zucker. Das kommt mir sehr bildhaft vor. Was wird bleiben von mir? Auch ich werde zerfallen zu einem Häufchen. Ob ich jetzt ein bisschen weinen sollte?

In diesem Moment krabbelt Max zu mir unter den Tisch und hält mir ein arg zerknittertes Päckchen unter die Nase. »Tschuldigung«, murmelt er zerknirscht.

Aus mehreren Lagen bereits benutzter Geschenkpapiere und (unbenutztem!) Toilettenpapier kommt eine schräge Schale aus türkisfarbener Knete zutage. Dekoriert ist sie mit Legosteinen.

»Für deinen Zucker«, erklärt Max und lächelt mich vorsichtig an.

Da haben wir uns unter dem Küchentisch umarmt, zwischen all den Scherben und Zuckerhaufen und den zerfetzten Einwickel- und Klopapieren.

Ich habe nun also eine neue Zuckerdose, in deren Mitte ich aus hygienischen Gründen eine kleine Glasschale gesteckt habe. Und die gefällt mir viel besser als die alte. Schöner als ein Blechnapf ist sie auch. Vor allem viel einmaliger. Und eine schöne Geschichte kann sie auch erzählen.

Ich habe zwar an diesem Tag tatsächlich den Bus verpasst, aber das war nicht so schlimm, denn ich konnte einmal ausgiebig über das Leben nachdenken und dabei feststellen, dass ich trotzdem sehr froh bin, von vielen Dingen umgeben zu sein.

Denken Sie nur an mein neues Zuckergefäß oder an die Urlaubsfotos von vor drei Jahren, als die Kinder noch so klein waren. Und an eine frische Portion Himbeeren auf einem weißen Porzellanteller. Ich weiß, dass das alles sehr oberflächlich ist, aber es macht mir eben Spaß. Es kann ja nicht jede eine Heilige sein.

15

Meine Kinder sind so gut erzogen …

… meistens. Nicht immer. Und schon gar nicht, wenn sie es sein sollen. Wie neulich, als ich einer Bekannten beweisen wollte, was für eine Erfüllung es ist, Mutter zu sein.

Sie war die Art Bekannte, die immer hochhackige Schuhe trägt und jede Menge Geld verdient. Sie verstehen schon, diese Art von Bekannte, die einen immer ein bisschen unsicher werden lässt.

Die, die nicht »Mittagessen«, sondern »Lunch« sagt. Und ausgerechnet mit der war ich verabredet. Julia hieß sie und bestand darauf, mich und (jetzt wird es interessant) die Kinder in einem Restaurant zu treffen. Sie ahnen es: zum LUNCH!

»Zum was?«, krähte Mäxchen neugierig. »Lantsch? Was'n diss?«

»Das ist englisch«, erklärte ihm Sanne allwissend. »Und es heißt Mittagessen.«

»Hmpf«, machte Samuel abfällig.

»Lantsch-Pantsch«, und mir schwante einiges. Eine Stunde später traf ich mit meinen Kindern im Restaurant ein. »Ihr benehmt euch«, schärfte ich ihnen zum zwanzigsten Mal ein und wusste gleichzeitig, wie müßig es war.

»Tanja«, hörte ich Julias Stimme erklingen. »Wie schön!«

Das wird sich zeigen, dachte ich und begann zu schwitzen.

»Hallöchen!«, rief Mäxchen, ganz weltmännisch und setzte sich zu Julia an den weiß gedeckten Tisch. Auch Samuel und Sanne setzten sich.

»Ich habe uns Champagner bestellt«, sagte Julia und hob ihr

Glas. »Prost!« Entspannt war ich immer noch nicht und der erste Schluck stieg mir gleich zu Kopf. »Was für süße Kinder«, lobte Julia, und als sie in die Karte blickte, schnitt Samuel eine recht unfeine Grimasse.

Ich warf ihm einen vernichtenden Blick zu, doch Kinder haben ein untrügliches Gespür dafür, wenn man nicht so recht kann, wie man möchte. Dann brechen alle Dämme. Und genau diese Situation lag vor. Deswegen schnitt Samuel eine weitere Grimasse, indem er sich die Augenlider nach unten zerrte und nach oben guckte, was wirklich beeindruckend scheußlich aussah. Julia blickte noch immer in die Karte. Ich holte unter dem Tisch aus und trat dezent in Richtung meines erstgeborenen Sohnes, der mit verdrehten Augen und hängender Zunge debil mit dem Kopf schaukelte.

Leider traf ich daneben und erwischte … Julia.

»Autsch!«, rief sie.

»Hehehe!«, lachten die Jungs.

»Mann!«, meckerte Sanne. »Haltet doch mal eure blöden Klappen!«, was auch nicht gerade wohlerzogen klang.

»Prost!«, rief ich hektisch und hob mein halbleeres Glas. »Auf uns, liebe Julia. Wir haben uns so lange nicht gesehen!«

Ha! Perfekt reagiert. Julia nippte am Champagner. Ich kippte den meinen in mich hinein und warf dann wieder gefährliche Blicke über den Tisch.

»Gibt es hier gebratene Schlange?«, wollte Max wissen und mein Blick wurde so giftig wie der einer schwarzen Mamba.

»Nein«, zischte ich.

»Dann vielleicht Froschaugen mit Käsesoße?«, schob Samuel eifrig hinterher.

»Klappe halten«, wies Sanne die beiden knapp zurecht und ich wand mich auf meinem Stuhl.

Irritiert blickte Julia auf. »Ha, ha! Kinder!«, keuchte ich und zauberte ein gequältes Lächeln auf mein Gesicht, was mich jede Menge Überwindung kostete.

»Ja, ja«, flötete Julia und bestellte durch ein Schnippen ihrer manikürten Nägel zwei weitere Gläser Champagner.

»Mama ist gleich besoffen«, freute sich Mäxchen nicht gerade leise.

»Sch-sch-scht!«, zischte ich wieder.

»Dann fängt sie an zu singen«, prophezeite Samuel und fing dann selber damit an. »Wenn im Tal die Bratkartoffeln blüüü-ühn«, schmetterte er.

»Ruhe jetzt«, meckerte ich. Da kam der Kellner mit zwei weiteren Gläsern Champagner. »Dreimal den Kinderteller«, bestellte ich.

»Ich will aber Hummer«, erklärte mir Sanne.

»Und ich die extragroße Seezunge oder besser gleich zwei«, protestierte Samuel.

»Und ich Pommes rot-weiß«, rief Mäxchen. »Oder besser auch Hummer? Oder …«

Julia guckte angestrengt. Dann sah ich, dass Samuel seine äußerst schmutzigen Hände auf die blütenweiße Tischdecke gelegt hatte. Seine Nägel müssten auch mal wieder geschnitten werden. »Geht Hände waschen«, flüsterte ich.

»Wieso ich?«, brauste Max auf und hob noch schmutzigere Hände in die Luft.

»Ich muss sowieso mal pieseln«, rief Sanne freundlich und ich sah den Kellner leicht erröten.

Als die Kinder weg waren, sah mich Julia durchdringend an. Wahrscheinlich dachte sie sehnsüchtig an ihr weiß gestyltes Wohnzimmer, in dem sie sich nach diesem Mittagessen erholen würde.

»Sehr … lebhaft, deine Kinder«, sagte sie.

»Guck mal, Mama«, hörte ich die Stimme von Mäxchen plötzlich wieder. »Auf dem Klo gibt es gaaanz hübsche Seifen. Hier! Hab dir eine mitgebracht.« Und damit ließ er sich wieder auf seinen Stuhl fallen.

»Nachmacher«, beschwerte sich Samuel. »Ich habe die Seife zuerst entdeckt. Hier, Mama, habe dir gleich drei mitgebracht!«

»Sehr temperamentvoll«, flüsterte Julia, »um nicht zu sagen: anstrengend!«

»Aber das Beste, was mir passiert ist«, gab ich beleidigt zurück und verstaute die vielen Seifen in meiner Handtasche.

Wenig später sind wir dann gegangen. »Diese Julia war ja blöd«, sagte Samuel.

»Hm«, machte ich.

»Die war bloß neidisch, weil wir ihr keine Seifen vom Klo mitgebracht haben«, erklärte mir Max, und damit hat er wahrscheinlich Recht gehabt.

16

Also, Mama, so kannst du nicht rausgehen!

Noch vor Kurzem hatte ich ein kleines Mädchen neben mir in der Umkleidekabine stehen, das dringend in die Spielzeugabteilung wollte, um ihrer Barbie ein neues Outfit zu verpassen.

Diese Zeiten sind vorbei. Die Barbies sind inzwischen auf dem Flohmarkt verhökert worden, was mir viel mehr ausgemacht hat als meiner Tochter. Outfits, die seither gekauft werden, kleiden keine Puppen mehr ein, sondern meine modebewusste Tochter. »Findest du, dass mir Hellblau steht?«, fragt sie und dreht sich zu Hause vor dem Spiegel.

»Ich finde, dass dir Hellblau sehr gut steht«, antworte ich freundlich. »Es hebt die Farbe deiner Augen hervor und …«

»Ich finde, dass mir Hellblau überhaupt nicht steht«, werde ich unterbrochen und der Blick meiner Tochter wird so kalt wie die Arktis.

»Warum fragst du mich dann?«, würde ich gern erfahren.

Die Antwort, die ich erhalte, ist ungeheuerlich und leitet eine neue Lebensphase ein.

»Um zu testen, wie stilsicher du bist«, sagt meine Tochter und lächelt listig.

Seit diesem Tag bin ich auf der Hut. Es ist nicht immer einfach, mit einer Fashion- und Trendspezialistin unter einem Dach zu leben.

»Die Schulternähte des Jackets müssen exakt am Schulterbogen abschließen«, informiert sie mich, obwohl ich sie gar nicht gefragt habe.

Die Schulternähte meines Jackets schließen nirgendwo ab, im Gegenteil: sie hängen irgendwo über meinen Oberarmen. Bisher hat mich das nicht sonderlich gestört, um nicht zu sagen, dass ich es nicht einmal registriert habe.

Doch jetzt steht meine Tochter vor mir, rupft an meinem Ärmel herum und sagt: »Un-mög-lich! So kannst du das Haus nicht verlassen.«

Ich versuche zu lachen. »Sannelein. Naht hin oder her. Ich bin keine Modesklavin. Ich mag diesen Blazer so, wie er ist.«

»Seit wann?«, fragt sie kühl.

»Seit ...« Ich zögere, denn ich weiß, dass ich in die Falle gegangen bin.

»Seit 1987«, sage ich trotzig. Sanne stöhnt auf. Der Schock ist ihr anzusehen.

»Un-mög-lich«, wiederholt sie. Gleich wird sie darauf bestehen, dieses widerwärtige Kleidungsstück, das noch der Epoche des Kalten Krieges zuzuordnen ist, zu verbannen. Besser noch: zu verbrennen.

»Und wo wir schon gerade dabei sind«, liest sie prompt meine Gedanken, »könnten wir mal deinen Kleiderschrank durchsehen.«

Moment mal, denke ich. Wer ist hier die Mutter und wer ist die Tochter? In letzter Zeit ist mir dieser Gedanke schon öfter gekommen.

»Was soll das heißen? Schrank durchsehen?«, rufe ich ihr hinterher, doch sie ist schon losmarschiert.

»Ethno-Look ist out-out-out«, ruft sie aus dem Kleiderschrank, in den sie geklettert ist. Es regnet Röcke, Hosen, Blusen, Kleiderbügel.

»HAAA!«, kreischt es auf einmal hysterisch. »Ein Poooonchoooo!«

»Komm jetzt aus dem Schrank«, sage ich streng. Schließlich bin ICH die Mutter. Nichts passiert. Nur der braunbeige Poncho fliegt mir vor die Füße.

»Selbst Kate Hudson würde in einem Poncho total bescheuert aussehen«, klingt es dumpf aus dem Schrank.

So, so, denke ich. Mit dieser Aussage ist mir aber wirklich geholfen.

»Hier gibt es drei unbenutzte weiße Handtaschen«, informiert mich Sanne.

»Ich weiß«, gestehe ich zerknirscht. »Im Laden finde ich sie immer totchic, und wenn ich zu Hause angekommen bin, gefällt sie mir nicht mehr.«

»Weiß ist sowieso passé«, tröstet mich Sanne und guckt zerstrubbelt aus dem Schrank. »Du brauchtest eine neue Henkeltasche in XL und vielleicht investierst du in ein paar Plateau-Pumps von Prada ...«

»Sanne!«, unterbreche ich ihren Vortrag. »Bist du irre? Weißt du was das kostet?«

»Keine Ahnung«, ruft sie und taucht wieder ab.

»He!«, höre ich sie rufen. »Du hast ja hier einen total hippen Lackgürtel!« Ich werde ihr jetzt nicht verraten, dass der auch noch aus den Achtzigern ist. Das ist ja das Dämliche an der Mode. Wenn man die ganzen alten Kamellen aussortiert hat, kann man ziemlich sicher sein, dass sie kurz danach wieder sehr »hot« sein werden. So würde Sanne es bezeichnen.

»Wir werden dir ein paar Basics besorgen«, sagt sie gerade und schmeißt mir eine Jeansjacke vor die Füße. »Mit Glitzer«, erklärt sie angewidert. »Pfui Spinne!«

»Und wie stellst du dir das vor?«, frage ich. »Soll ich mal eben im Lotto gewinnen?«

»Ich habe eine viel bessere Idee!« Ihre Augen leuchten. »Wir machen es wie mit den Barbie-Sachen.«

Und so ist es dann auch geschehen. An einem Sonntag habe ich mich mit Sanne auf den Flohmarkt gestellt und meine alten Klamotten verhökert. Unter anderem drei unbenutzte weiße Handtaschen und diverse andere Fehlkäufe.

Nur den Poncho wollte keiner haben, auf dem schläft neuerdings unser Hund Lucky.

Mit dem Erlös der Verkaufsaktion habe ich mir eine absolut hippe, sagenhaft hotte Handtasche gekauft. Für ein Paar Pumps von Prada hat es leider nicht mehr gereicht.

17

Ich glaub, ich hab den Hamstertick.

Liegt es daran, dass ich so viele hungrige Kinder habe? Oder neigen Sie auch dazu, alles gleich doppelt und dreifach anzuschaffen?

Mit einer Prinzenrolle komme ich nicht weit. Und wenn Spaghetti im Doppelpack angeboten werden, kaufe ich gleich fünf davon. Ich gestehe, dass das übertrieben sein mag, aber es ist stärker als ich. Ich denke eben praktisch. Einmal habe ich ein Paar Schuhe gleich zweimal gekauft, weil sie mir so außerordentlich gut gefielen und ich mir sagte, dass solch ein elegantes und zugleich bequemes Modell nie, nie wieder auf dem Schuhmarkt auftauchen wird. Das hat jetzt weniger mit Spaghetti und Schokokeksen zu tun. Aber wenn man gewisse Veranlagungen hat, dann ziehen sie sich durch das ganze Leben.

In meiner Speisekammer stapeln sich Thunfischdosen. »Machst du demnächst einen Laden auf?«, witzelt der liebste Ehemann, der keinen blassen Schimmer von Einkaufsstrategien hat. Deswegen hat er auch nicht verstanden, dass ich gleich eine ganze Kiste von meinem Lieblingswein gekauft habe, der zwar nicht im Angebot gewesen ist, aber … er ist eben so lecker, dass man immer einen kleinen Vorrat davon brauchen kann.

»Warum so viel Wein?«, wollte Robert wissen, aber ich habe es aufgegeben, ihm Dinge zu erklären. Die Sache mit den schicken Schuhen hat er damals ja auch nicht begriffen.

Neulich kam ich schwer beladen mit zwei Paletten Maisdosen und drei Gläsern der Sonderedition »Nutella Familienglas« nach Hause. Wie umsichtig, wie praktisch, wie gut organisiert ich mich doch fand.

Ich hatte zwar einige Probleme, meine Einkäufe in der berstenden Speisekammer unterzubringen, aber schließlich hatte ich es geschafft und bereute bereits, nicht auch noch einige Dosen Tomatenmark mitgebracht zu haben. Davon hatte ich nämlich nur noch zehn.

»Droht eine Naturkatastrophe?«, wollte Robert wissen, nachdem er die Speisekammertür gewaltsam geöffnet hatte und fast von Mehlpaketen erschlagen worden wäre.

»Wieso?«, fragte ich unschuldig.

»Du hast einen Hamstertick«, erklärte mir Robert, während er einer rollenden Thunfischdose hinterherjagte.

»Ich bin eine gewissenhafte Einkäuferin«, gab ich gestelzt und beleidigt zurück.

»Und wie erklärst du mir zwanzig Paar neue Socken für die Jungs?«

»Da hast du Recht«, erwiderte ich zerknirscht. »Ich hätte mehr kaufen sollen. Es war ein so günstiges Angebot.«

Robert seufzte. »Und wer soll so viel Dominosteine essen?«

»Jetzt sind sie noch frisch«, widersprach ich gereizt; ich fühlte mich unverstanden. Ich würde ihm nicht anvertrauen, dass ich außerdem bereits drei Sechserpackungen hellgrüner Weihnachtsbaumkugeln gekauft hatte, die wunderbar zu den zehn Rollen silbernen Satinbands passen würden, die unter dem Bett lagerten.

Robert seufzte wieder. Ich würde ihm auch nicht erzählen, dass meine todschicken Schuhe in doppelter Ausführung ein bisschen am großen Zeh drücken. Und dass Kinder keine Schokokekse mehr sehen können und auch keine Thunfischgerichte. All das kann einer nicht verstehen, der kein Experte ist. Es ist nur natürlich, dass man sich mal verkalkuliert. Wie an der Börse. Das ist eben Berufsrisiko.

Bei der nächsten »Sonderaktion Hundefutter« wird das Adrenalin mich wieder überfluten. Und wenn es bei Aldi ein supergünstiges Aquarium gibt, dann muss ich sehr mit mir ringen, es nicht zu kaufen. (Oder den tragbaren Heizlüfter, den praktischen Gartengrill, die Stechpalme auf Hydrokultur etc., etc.) Meistens kaufe ich diese Dinge nicht, denn das unterscheidet mich schließlich von einer Kaufwütigen. Bei mir ist alles genau durchdacht. Okay: Ein Rudergerät und ein Schokoladenfondue stauben gemeinsam im Keller herum. Aber das ist auch schon alles.

Dass ich einen schönen Schal gleich dreimal gekauft habe, war nur ein Akt der Nächstenliebe, denn so hatte ich einen Vorrat an Weihnachtsgeschenken angelegt. Dazu gesellten sich zwei Bonbonnieren (irre günstig!) und eine kleine Kiste Duftkerzen.

Als »nicht ganz normal« bezeichnet mich Robert. Aber das stört mich nicht. Ich bin immer gewappnet. Ich könnte aus dem Stegreif ein Rudel Gäste bewirten: Mais-Thunfischsalat, Rotbarschfilet (drei Beutel im Tiefkühlfach), irgendeine Keks-Nutella-Kreation zum Nachtisch und viel, viel Rotwein. Auf dem Tisch stünden unzählige Duftkerzen, und das Besteck wäre mit silbernen Satinschleifen umwickelt. Als Gastgeschenk bekäme jeder ein Paar Kleine-Jungs-Socken und eine Prinzenrolle. Und wer wollte, könnte sich auch ein verstaubtes Rudergerät aus dem Keller mitnehmen.

Also, wenn Sie Lust haben, dann kommen Sie doch mal ganz unverbindlich zum Essen vorbei. Dann würde Robert endlich mal verstehen, wie GUT ich organisiert bin.

18

Gibt es den Weihnachtsmann?

Na klar gibt es den. Im letzten Jahr gab es ihn jedenfalls noch. In diesem Jahr wird er es schwerer haben. Bei uns jedenfalls.

Denn der Glaube meiner Kinder teilt sich in zwei Lager. Sanne, die Große, glaubt schon lange nicht mehr daran.

Samuel, der Schlaue, hegt erste Zweifel.

Mäxchen, der Süße, stellt nichts in Frage.

»Mama!«, sagt Samuel feierlich. »Den Weihnachtsmann gibt es doch gar nicht, oder?«

»Hm«, mache ich, weil ich nicht weiß, was ich sagen soll.

»Ich frage mich dann aber«, fährt Samuel nachdenklich fort, »WER die ganzen Geschenke immer vor die Haustür schmeißt.«

Kurz zweifele ich an seiner oben erwähnten Schlauheit. Sanne stöhnt auf.

»Ob es Herr Schuster aus dem vierten Stock ist?«, sinniert Samuel.

»Quatsch«, schaltet sich Mäxchen ungehalten ein. »Es ist natürlich der Weihnachtsmann. Wer sollte es denn sonst sein, hä?«

Sanne kichert in ihre vorgehaltene Hand.

»Tja«, macht Samuel ratlos. »Keine Ahnung.«

Also, so ein bisschen beunruhigt bin ich nun doch. Hat er wirklich keine Ahnung davon, dass seine liebende Mutter jedes Jahr kurz vor Weihnachten ein Martyrium erleidet? Dass sie sich schwitzend durch Spielzeugabteilungen schleppt und dabei »Jingle Bells« hören muss? Und »Oh Tannenbaum«. Wie der und wieder. Der Weihnachtsmann hätte es da schon viel besser: Der hockte warm angezogen auf seinem Schlitten und schmisse ab und zu ein Geschenk über Bord. Wenn es ihn gäbe.

»Mama!«, reißt mich Mäxchen aus meinen Gedanken.

»Was?«, schrecke ich auf.

»Gibt es ihn nun oder nicht?«

»Nun ja«, sage ich vorsichtig. Ich will ja meine Söhne nicht für blöd verkaufen. Aber ich möchte sie doch auch nicht zu früh in die nüchterne, kalte Welt der Wahrheit entlassen.

»Es gibt ihn schon irgendwie«, sage ich mit meiner extramilden Mutterstimme. »Denn alles was in unserer Fantasie existiert, erwacht in gewisser Weise zum Leben und ...«

»Boooaaah, kraaass«, unterbricht mich Mäxchen und bekommt vor Aufregung ganz rote Wangen. »Dann gibt es auch bald wieder den Tyrannosaurus und Benjamin Blümchen und Hui Buh, das Schlossgespenst und ...«

Bevor noch mehr Geister und Ungeheuer auferstehen können, unterbreche ich meinen Sohn sanft. »So habe ich es nicht gemeint.«

Mäxchen ist sauer.

»Was für den ollen Weihnachtsmann gilt, gilt erst recht für Winnetou und Pippi Langstrumpf!«, schimpft er. Ich frage mich, warum ich immer so wenig Talent für pädagogische Gespräche habe.

Zu allem Überfluss schaltet sich nun auch wieder Samuel ein. »Und wieso ...«, fragt er listig, »wieso versteckt der Weihnachtsmann die Geschenke immer in deinem Kleiderschrank?«

»Weil er blöd ist«, prustet Sanne.

Ach, nein, denke ich traurig. Meine armen, desillusionierten Kinder. Was kann ich nur für ihr Seelenheil tun? Ich fange an, die Geschichte von einem kleinen Baby zu erzählen, das in einem Stall geboren wurde. Man muss die Kinder an den Ursprung der Dinge zurückführen, man muss ihnen erklären, wie sich alles entwickelt hat. »Und ein Stern leuchtete am Himmel«, fahre ich salbungsvoll fort und erfreue mich an dem himmlischen Leuchten in den Augen meiner Kinder. »Es war so bitterkalt in dieser Nacht«, sage ich mit Grabesstimme und reibe mir effektvoll die Oberarme. Sie müssen wissen, dass Kinder gut erzählte Geschichten sehr schätzen. »Und das Kindlein hatte nur ein Hemdchen an und ...«

»In Bethlehem ist es doch wohl nicht so kalt gewesen«, protestiert Sanne, die Allwissende. Irritiert lasse ich die Arme sinken.

»Und du verwechselst die Geschichte«, informiert mich Samuel freundlich, aber streng. »Das mit dem Hemdchen war ein Mädchen.«

»Genau!«, ruft nun auch Mäxchen. »Sterntaler!«

Aus! Vorbei! Ich gebe auf! Wie ich meine Kurve von Bethlehem und drei heiligen Königen über Marzipankartoffeln zum Weihnachtsmann bekommen hätte, ist mir sowieso ein Rätsel.

»Ich hab's!«, ruft Mäxchen. »Ein lieber Tyranno verteilt die Weihnachtsgeschenke und Hui Buh hilft ihm dabei. Weil der Weihnachtsmann mit Pippi Langstrumpf in der Südsee vor Anker liegt!«

»Genau so ist es«, sage ich matt.

»Dürfen wir jetzt spielen gehen?«, fragt Samuel und kurz darauf bin ich allein.

Weihnachtsmann hin oder her, um die Fantasie meiner Kinder brauche ich mir wohl keine Sorgen zu machen. Höchstens um meine eigene.

19

BH: Was ist so lustig an diesen zwei Buchstaben?

Büstenhalter, Busenhalter – wie auch immer. Nichts dabei, denken Sie? Falsch gedacht!

Wenn Sie mit meinen Söhnen in einer Damenunterwäsche-Abteilung gelandet wären, würden Sie auch vorsichtig mit diesen beiden Buchstaben umgehen. Ich war vor Kurzem mit meinen Jungs im Kaufhaus, um mir den vorweihnachtlichen Rest zu geben. Eine Kerze für die Nachbarin, ein Seidentuch für die Schwiegermutter und so weiter und so weiter. Und dann, mit den schwer leidenden, schwitzenden, nölenden Jungs im Schlepptau, bin ich auf die gute Idee gekommen, mir noch eben einen neuen BH zuzulegen. Wenn ich schon mal hier bin, sagte ich mir praktisch denkend und steuerte voller Tatendrang die Wäscheabteilung an. Ich weiß, ich weiß, ich hätte es besser wissen müssen. So etwas tut man einfach nicht am Ende eines langen Tages, kurz vor Weihnachten, mit zwei gestressten Kinderchen und vielen Tüten am Arm. Ich habe es aber trotzdem getan, weil ich ab und zu an meine Grenzen erinnert werden muss.

»Passt auf, Jungs«, habe ich betont munter gerufen, als ich den silbergrauen Spitzen-BH entdeckte. »Ich probiere schnell mal diesen BH an und ihr zwei wartet ein Minütchen und dann gehen wir etwas trinken.«

»Hmmmrrr, heiß, langweilig, Durst, hhhmmmrrrrrrr, doof«, lautete die undeutliche Antwort aus zwei Mündern, die ich einfach ignorierte. Wenig später platzierte ich drei Einkaufstüten, einen Wintermantel, zwei Anoraks, drei Schals und zwei ungnädige kleine Jungs auf einem edlen Samtsofa, auf dem bereits ein erschöpft aussehender älterer Herr zusammengebrochen war.

»So, ihr setzt euch jetzt brav zu diesem Herrn und ich bin in einer Minute wieder da«, säuselte ich und verschwand mit Spitzen-BH hinter dem Vorhang.

So schnell es ging, riss ich mir den verschwitzten Pullover und den alten, schäbigen BH vom Leib, riss mir außerdem vor lauter Hast ein paar Haare aus, zog den neuen BH über, wollte ihn gerade hinten verschließen, da – öffnete sich mit einem Ruck der Vorhang. »Bist du fertig?«, fragte Samuel.

»Nein!«, kreischte ich, ließ den Verschluss vor Schreck zurückschnappen und kreuzte schnell meine Arme vor meiner Nacktheit. Der Herr vom Samtsofa guckte interessiert um die Ecke. »Mach den Vorhang zu«, zischte ich.

»O.k.«, sagte Samuel und quetschte sich auf den kleinen Hocker in der Mini-Kabine.

»Warte doch bitte draußen, Sam«, bat ich (was gänzlich ignoriert wurde) und hangelte auf meinem Rücken nach den beiden Trägerenden. Irgendwie war dieser BH zu klein. Und gerade als ich ihn wieder ausgezogen hatte, wurde der Vorhang schon wieder aufgerissen und Mäxchen stand vorwurfsvoll da. »Hier habt ihr euch versteckt«, meckerte er und quetschte sich auch noch auf das Höckerchen.

»Bitte!«, flehte ich halbnackt und verzweifelt. »Die ganzen Einkäufe sind noch draußen auf dem Sofa, ihr müsst darauf aufpassen!«

Da passt der nette Opi drauf auf, wurde mir erklärt. So? Bestimmt haute der gerade mit meinen Weihnachtseinkäufen ab. Aber als ich meinen Kopf aus dem Vorhang schob, sah ich ihn brav dort sitzen, die Hand freundlich zum Gruß gehoben. Schnell verzog ich mich wieder ins Innere der Kabine und kämpfte mit mir. Alle Zeichen standen auf »ANZIEHEN – UND AUF DER STELLE NACH HAUSE GEHEN!«. Aber der BH war doch so schön und ich bräuchte nur ein Nümmer chen größer. »Sam«, sagte ich also feierlich. »Hol mir bitte genau diesen BH in Größe 80 B, das wäre ganz toll!«

Begeistert raste mein großer Sohn los, der kleine musterte mich nachdenklich. »Was heißt eigentlich BH?«

»Busenhalter«, sagte ich vorsichtig, was ihn auf einmal so ungemein belustigte, dass er vom Hocker fallen musste. In der engen, überhitzten Kabine war das nicht gerade praktisch.

»Buuuusenhaaaalter, ha! Haaaa!«, prustete er, und noch lustiger wurde es, als Samuel mit einem lila getigerten Straps-Outfit in Größe 50 wieder eintraf. »Probier das mal an, das sah an der Puppe so lustig aus«, rief er. Ich stöhnte auf. »Weißt du, was BH heißt?«, röchelte Mäxchen, der sich immer noch nicht erholt hatte. »Buuuusi-Halter, hahaha! Haaaaa!«

Nun wanden sich schon zwei überreizte, verschwitzte, durchgedrehte Jungs auf dem Boden der Mini-Kabine, fehlte nur noch der Opi vom Samtsofa. Der hätte bestimmt auch viel Spaß gehabt. Der Vorhang schlug große Wellen und ich beschloss, mir nur schnell den Pullover überzuziehen und selbst nach draußen zu eilen, den richtigen Busi-Halter (Ha! Haa!) zu holen, ihn schnell anzuprobieren und dann zu kaufen. So einfach wäre das. So einfach ist es im richtigen Leben aber meistens nicht. Schon gar nicht in der Vorweihnachtszeit im Kaufhaus. Wir sind dann wenig später nach Hause gegangen. Ohne silbergrauen Spitzen-(… haha …)BH. Dafür mit Bärenhunger. Denn, so erklärten mir die Jungs, dafür steht BH auch!

20

Kann man mit Kindern Pläne machen?

Nein, kann man nicht. Ich jedenfalls nicht. Wie Madonna das hinbekommt mit ihren Welttourneen, ist mir wirklich unerklärlich.

»Seid schön nett zur Nanny«, sagt sie vielleicht. »Mama muss mal eben ein Vierteljahr lang in knappen Trikots über die Bühnen Europas tanzen.« – »Alles klar, Mum«, singen ihre Kinder dann im Chor. – »Bye-bye.« Anders kann ich mir ihren Erfolg nicht vorstellen, der sogar so groß ist, dass sie vor lauter häuslicher Harmonie noch ein Bübchen aus Afrika adoptiert.

Ich werde überhaupt niemanden adoptieren. Meine leiblichen Kinder sagen auch nicht cool »Bye-bye«, wenn ich größere Pläne habe, sie bekommen stattdessen Bauchschmerzen und Durchfall. Und eine Nanny habe ich auch nicht. Es ist ja nicht so, dass ich gerade eine Tournee plane. Ich wollte letzte Woche eigentlich bloß mal mit meinen Freundinnen ausgehen. Robert, der liebste Ehemann, war auf Geschäftsreise und ich hatte einen Babysitter organisiert.

Da schlich Samuel um die Ecke. »MUSST du da jetzt hin?«

»Nein«, antwortete ich, »aber ich WILL!«

»IMMER gehst du so viel aus«, monierte der Mini-Patriarch.

»Moment mal«, widersprach ich. »Letzte Woche war ich auf einem Elternabend und die Woche davor gab es ein Elterntreffen von deinem Fußball-Club. Da MUSSTE ich hin. Und heute Abend gehe ich ins Kino und hinterher einen Cocktail trinken. Das MÖCHTE ich ausnahmsweise mal.«

Eine Weile beobachtete er mich. Ich war dabei, mir die Fingernägel brombeerfarben zu lackieren. Dem Ausdruck seines Gesichtes nach zu urteilen eine verwerfliche, höchst überflüssige Tätigkeit.

»Aber Papa ist nicht da«, jammerte er.

»Ulrike wird auf euch aufpassen«, sagte ich freundlich.

»Ulrike ist doof, und wieso gehst du ohne Papa aus?«, wollte er wissen.

Du liebe Güte. Es fühlte sich an wie Sizilien um 1900. »Weil ich mich mit meinen Freundinnen treffe«, erwiderte ich und pustete energisch auf meine Nägel.

»Wenn Papa das wüsste!« Muss man sich vor seinem eigenen Zwerg von Sohn rechtfertigen? Nein, muss man nicht. Also ließ ich ihn stehen und ging zum Kleiderschrank. Zehn Minuten waren mir vergönnt. Dann verkündete Samuel: »Ich habe Bauchweh!«

Den Mottenkisten-Trick kannte ich. »Leg dich aufs Bett«, sagte ich. »Ich mache dir einen Kamillentee und die Ulrike liest dir nachher was vor.«

»Huu-huuuu-HUUUU« war die Antwort.

Sanne und Mäxchen kamen herein. »Was ist denn mit Sam los?« – »Ach, der Aaaaaarme, guck mal, wie er sich windet!« Drei Augenpaare (eins davon von Schmerzen verschleiert, die beiden anderen voller Vorwurf) richteten sich auf mich. »Da wirst du wohl nicht ausgehen können«, befand Sanne.

»Und ich tue keinem leid, was?«, fragte ich.

»Nö«, erklärte mir Max. »Du bist ja die Mama.«

Ach so. Alles klar. Aber so schnell ließ ich mich nicht beeindrucken. Ich holte meine neue Hose aus dem Schrank. »Samuel kriegt Tee und gleich kommt Ulrike«, sagte ich, um eine feste Stimme bemüht.

Samuel brach winselnd auf dem Ehebett zusammen. Sanne stemmte die Arme in die Seiten. »Und wenn es eine Magen-Darm-Verschlingung ist?«, fragte sie herausfordernd. »Oder eine Blinddarmexplosion?«

Ich hielt inne und blickte verunsichert zu Samuel, der sich

wie ein Wurm krümmte. Allerdings in einem solch abenteuerlichen Winkel, dass ich mir nicht vorstellen konnte, wie man das mit einem explodierten Blinddarm hinbekommen könnte. Von Verschlingungen anderer Innereien ganz zu schweigen.

»Kinder!«, rief ich ungehalten, den Bügel mit der neuen Hose entschlossen in die Luft gereckt. »Ich habe diesen Abend schon vor langer Zeit geplant.«

»Selbst dran schuld«, erklang eine innere Stimme, die man auch »bittere Erfahrung« nennt. »Was planst du deine Abende so weit im Voraus? Es kommt mit Kindern immer etwas dazwischen. Das solltest du doch wissen!«

»Wo tut es denn weh, Sam?«, fragte ich.

Er tippte sich auf die Stirn. Dort gibt es meines Wissens keine Därme. »Und hier!«, schob er eifrig hinterher und zeigte auf seinen Bauch. Und dann noch auf sein Knie.

»Dagegen gibt es ein gutes Mittel«, sagte ich und griff meinerseits in eine Mottenkiste. Nämlich in die der pädagogischen Unsinnigkeiten. Heraus holte ich eine Schachtel Toffifee. »Die dürft ihr alle aufessen«, sagte ich mit schokosüßer Stimme. »Und ihr dürft auch bis halb zehn aufbleiben.«

Hinfort waren Darm- und Hirnverschlingungen. Kichernd verzogen sich die Kinder mit der Schachtel, und ich konnte mich mit meinen Freundinnen treffen. Allerdings manifestierte sich schon bald ein kleines, schlechtes Gewissen in Form von leichten Bauchschmerzen. Hoffentlich ist der Junge wirklich gesund, grübelte ich im Kino. Hoffentlich haben sich die Kinder die Zähne geputzt, dachte ich in der Cocktailbar. Zum Glück befand ich mich gerade nicht auf Welttournee. Wie kriegt Madonna das bloß immer hin?

21

Bin ich im Grunde nicht ganz anders?

Fragen Sie sich das auch manchmal? Da wirbelt man durch den alltäglichen Irrsinn, organisiert, funktioniert – und fragt sich plötzlich, wer man eigentlich ist.

Gut, gut, so schlimm ist es noch nicht mit mir gekommen, dass ich nicht mehr weiß, wer ich bin. Ich meine es auch eher im übertragenen Sinne. Neulich bei Aldi an der Kasse zum Beispiel, da stellte ich mir auf einmal diese Frage. »Wer bist du?«, summte es in meinem Kopf, während der Opi hinter mir seinen Einkaufswagen sanft gegen mein Hinterteil stupste. Damit wollte er mir wohl zu verstehen geben, dass ich fünf Zentimeter in der Warteschlange aufrücken konnte. Also ... sagte ich mir und schob wiederum meinen Wagen sanft gegen das Vorderteil der Frau vor mir, die ähnlichen Gedanken nachzuhängen schien wie ich. Also ... ich bin eine Frau, die seit Neuestem 40 Jahre alt ist und sich auf einmal komische Gedanken macht. Außerdem bin ich Mutter, Ehefrau, Hundebesitzerin, Geschichtenerzählerin, Köchin und Kaffeetrinkerin. Schön, schön. Aber war das schon alles?

Wieder rückte mir der Opi auf die Pelle. Er konnte ja nicht wissen, dass ich tiefenpsychologischen und hochphilosophischen Überlegungen nachhing. Ich war mal jemand, der einzig mit einer Handtasche bestückt in ein Auto gesprungen ist, um spontan ein Wochenende am Meer zu verbringen. Wenn ich heute ans Meer will, packe ich erst mal Koffer für fünf Personen und häufe Kekspackungen, Capri-Sonne und Bibi-Blocksberg-

Kassetten ins Auto. Außerdem stehe ich immer im Autobahnstau, weil es Hauptreisezeit ist, und das Wörtchen »spontan« habe ich schon lange aus meinem Wortschatz getilgt. Was bedeutete es noch gleich? Ich weiß es nicht mehr.

Früher war ich jemand, der erst spät nach Mitternacht ins Bett gegangen ist, mit einem Glas Sekt oder einem Buch oder einem Mann. Oder alles zusammen, wobei das Buch meist auf der Strecke blieb. Hm!

»Rücken Sie doch mal auf, junge Frau«, sagt der Opi von hinten.

Wo bin ich? In meiner Vergangenheit? In meiner Jugend? Nein, bei Aldi in der Warteschlange. Genervt drehe ich mich um. »Ja doch«, murre ich. Was hatte ich gerade eben gedacht? Dass ich heute selten nach Mitternacht ins Bett gehe, meistens schlafe ich um halb zehn auf dem Sofa ein und schleppe mich gegen elf Uhr ins Bett, belächelt vom liebsten Ehemann. Von Sekt und fremden Männern kann keine Rede mehr sein. Über Büchern schlafe ich auch meistens ein.

Und was ist aus meiner Topfigur geworden? Meine schmalen Hüften sind heute etwas breiter und mein Hintern so dick, dass fremde Opis es wagen, immer wieder mit ihren Einkaufswagen dagegen zu fahren. So wie jetzt.

»Hören Sie auf damit«, zische ich. »Ich bin eine Frau von 40, ich stecke in einer Lebenskrise!«

Ratlos sieht er mich an und zuckt die Schultern. »40 ist doch ein klasse Alter«, sagt er.

Er hätte jetzt wenigstens sagen können: »Du liebe Güte! Sie sind vierzig?? Das GLAUBE ich einfach NICHT! Sie sehen KEINEN Tag älter aus als fünfundzwanzig!!«

Aus irgendeinem Grund sagt er es aber nicht. Wahrscheinlich weil die Schlange sich gerade einen Meter voranbewegt.

40, ein klasse Alter? Ich weiß nicht. Früher war ich mal jemand, der in Größe 34 gepasst hat und der im Supermarkt keinen Einkaufswagen gebraucht hat, weil er nur eine winzige Kleinigkeit benötigt hat. Heutzutage könnte ich manchmal zwei Einkaufswagen brauchen, weil so viel Cornflakes-Schachteln und Klopapierrollen und Milchtüten gar nicht in einen einzigen passen.

Früher war ich mal jemand ... »Man ist so alt wie man sich fühlt«, schlaumeiert der Opi von hinten, und das gibt mir nun wirklich den Rest. Demnach wäre ich ungefähr 97.

Endlich bin ich dran. Ich häufe Einkaufsberge aufs Band, schmeiße hinten alles wieder in den Wagen, zertrümmere ein Paket Feldsalat mit einem Beutel Biokartoffeln, zahle, karre hinaus an die frische Luft und lade alles ins Auto. Das bin ich! Eine Einkäuferin, eine Salat-Zerquetscherin. Eine Vierzigerin. Und dann fängt es auch noch an zu regnen. Buhu.

Als ich gerade einsteigen will, kommt der Opi angeschoben, in seinem Wagen nur eine Dose Sauerkraut.

»Ist doch schön, mitten im Leben zu stehen«, ruft er mir zu, und auf einmal finde ich mich sehr albern mit meinen tiefenpsychologischen Grübeleien.

»Da haben Sie recht«, rufe ich ihm durch den Regen zu. »Kann ich Sie irgendwohin mitnehmen?«

Fröhlich steigt der Opi ins Auto, die Dose Sauerkraut auf den Knien. »So ist das Leben«, sagt er. Kluges kann so einfach formuliert sein. Ich habe ihn dann noch auf einen Kaffee eingeladen.

Und nächste Woche kommt er zum Abendessen zu uns, weil er unbedingt die Kinder kennen lernen will. So ist das Leben. Und ist es nicht schön?

22

Der Lover der besten Freundin ...

... ist oft ein ziemlich heikles Thema. Nicht, was Sie jetzt denken! Sogar ganz im Gegenteil.

Denn dass die Männer von zwei besten Freundinnen sich automatisch auch gut verstehen müssen, ist leider nicht garantiert.

Erst neulich entpuppte sich Robert, der liebste Ehemann, als Party-Killer. Wir waren mit Marie und ihrem neuen Lover Julio im Restaurant verabredet.

»N'Abend«, knarrte Robert. »Sie sind also der Neue?«

Das war nicht gerade ein idealer Auftakt, fand ich. Julio nahm es sportlich.

»Und Sie?«, konterte er augenzwinkernd. »Sie sind wohl der Alte?«

»Grrummmpf«, machte Robert. Das macht er immer, wenn es ihm die Suppe verhagelt. So gut kenne ich ihn schon.

»Ha-ha-ha«, trällerte Marie und wir nahmen Platz.

Ich warf ihr einen verzweifelten Blick über den Tisch hinweg zu. Aber sie nagte gerade an Julios Ohrläppchen.

»Es gibt ja gleich was zu essen«, stichelte Robert schon wieder los. Er konnte Julio wohl von der ersten Sekunde an nicht leiden und hatte sich vorgenommen, das auch deutlich zum Ausdruck zu bringen. Typisch, stöhnte ich stumm in meine Serviette. Wie viele von seinen Freunden gehen mir auf die Nerven und ich sage nichts? Und einmal, ein einziges, winziges Mal muss sich mein Mann zusammenreißen und er stellt sich an, als würde er gefoltert.

»Ich nehme den gemischten Vorspeisenteller«, rief ich munter in die Runde.

»Ich auch«, muffelte Robert ohne große Begeisterung.

Julio flüsterte etwas in Maries rot brennendes Ohr. Daraufhin begann sie schrill zu lachen.

»Darf man mitlachen?«, stieselte Robert.

»Julio sagt«, prustete Marie, »… dass sich alte Ehepaare immer ähnlicher werden, bis sie sich eines Tages gar nichts mehr zu sagen haben.«

»So weit muss man erst mal kommen«, gab Robert unterkühlt zurück. Doch Julio schien es gar nicht zu hören. Er knetete unter dem Tisch Maries Oberschenkel. Das tun alte Ehepaare tatsächlich nicht. Ich wäre ehrlich gesagt auch nicht besonders erpicht darauf gewesen. Ich wollte jetzt viel lieber meine Gabel in eine gegrillte Aubergine stoßen und statt Roberts Ohrläppchen schwarze Oliven beknabbern.

»Hihi«, kicherte Marie schon wieder.

»Haben Sie spanische Wurzeln?«, wollte ich in Erfahrung bringen, obwohl ich die Heiterkeitsausbrüche meiner besten Freundin nur ungern unterbrach. Julio fütterte sie gerade mit Grissini-Stangen.

»Kann schon sein, war ja nicht dabei«, antwortete Julio spitzfindig. Aha! Sein Haar war mir gleich so unnatürlich dunkel vorgekommen. Kein echter Latin Lover also.

»Man spricht es Chhhuuuliiiioooo aus«, erklärte mir Marie.

»Wie Chhhuuuliiiooo Iglesias?«, fragte Robert, und in seinen Mundwinkeln zuckte es spöttisch.

»Korrrrekto«, rief Julio, pardon Chhhulio, und blickte glutäugig in die Kerze.

»Ich muss mal aufs Klo«, flüsterte ich Marie zu.

»Komme schon«, lautete die Antwort. Wenig später standen wir uns am Waschbecken gegenüber.

»Und?«, fragte sie aufgeregt.

»Weiß nicht«, gab ich ausweichend zurück. »Er tönt seine Haare.«

»Quatsch! Seine Mutter stammt aus Andalusien.«

»Grrummmpf«, machte ich.

»Und die Männer verstehen sich ja auch blendend!«, rief Marie und lachte.

Die Frau war eindeutig verliebt!

Als wir zurück an den Tisch kehrten, herrschte dort eisiges Schweigen. Robert starrte in sein Weinglas, »Chulio« spielte mit seinem goldenen Halskettchen.

Das Essen wurde von den Männern kurz darauf wortlos hinuntergeschlungen und kaum waren die Gläser geleert, gähnte Robert und erwähnte einen langen Arbeitstag, woraufhin »Chulio« irgendwas von »Bürohengst« murmelte und wieder begann, Maries Oberschenkel zu walken. Das war's dann gewesen mit diesem Abend. Ein Dessert fiel wegen männlicher Antipathien aus. Zwei Wochen später war Marie wieder solo. Und noch zwei Wochen später wollte sie uns ihren neuen Freund »Carlo« vorstellen.

»Seine Mutter ist eine waschechte Römerin«, versicherte sie mir am Telefon. »Wollen wir mal zusammen essen gehen?« Über dieses Treffen werde ich dann keine Geschichte mehr schreiben können, denn ich wiederhole mich nur ungern. Wenn Männer einander nicht leiden können, dann kommt unterm Strich außer zahlreichen »Grrrummmpfs« nicht viel dabei heraus.

23

Was soll nur mal aus ihnen werden?

Aus meinen Kindern, meine ich. Sanne sah ich noch vor Kurzem als Primaballerina, die beiden Jungs hatten das Zeug zu Rechtsanwalt und Herzchirurg …

Mindestens. Wenn nicht sogar zum Bundeskanzler.

Eine Mutter weiß einfach ganz genau, was in ihren lieben Kleinen steckt, wer sollte es besser wissen als eine Mutter?

Deswegen war ich neulich auch etwas erstaunt, als meine Söhne einer leicht zerstörerischen Neigung nachgaben. Um ganz ehrlich zu sein, sind sie eigentlich immer dabei, irgendetwas auseinanderzunehmen, was nicht auseinandergenommen gehört. Zum Beispiel meine Schreibtischschubladen oder das Tiefkühlfach. Bisher hatte ich das als gesunden Forscherdrang interpretiert, Einstein hat seine Mutter bestimmt auch regelmäßig zur Weißglut getrieben, tröstete ich mich. Doch neulich war das, was die Jungs gerade taten, einfach nur dumm und hirnlos. Wenn Sie es genau wissen wollen: Sie warfen Legosteine aus dem Fenster. Kurz fragte ich mich, ob es vielleicht eine Art Schwerkraft-Experiment sein könnte, doch da hörte ich Mäxchen brüllen: »Los! Noch 'ne Handvoll hinterher, den blöden Leuten auf die Eierbirne!«

Wütend schloss ich das Fenster, hielt eine Predigt, erzählte ihnen das Übliche: »Es gibt Kinder, die haben gar nichts zum Spielen, und ihr habt so viel, dass ihr es zum Fenster rauswerft!« Bla-bla, Sie wissen schon. Und es hatte den Effekt, den es immer hat. Zwei kleine Jungs schauten mich mit großen Augen an, nickten reumütig, und kaum hatte ich ihnen den Rücken zugedreht, hörte ich sie schon wieder kichern.

Ob sie das Zeug zum Herzchirurgen haben? Sind sie nicht eigentlich zwei hoffnungslose Grobmotoriker? Zwei ganz normale kleine Jungs eben? Aber nein, das sind sie gerade nicht. Sie sind eigentlich hochbegabt und übertalentiert. Sie setzen bloß alles daran, es vor mir zu verheimlichen.

Wie gestern, als sie den Inhalt einer Flasche Anti-Schuppen-Shampoo in ihr Badewasser gegeben und eine Tube Peelingcreme hinterher gequetscht hatten. Letzteres, um die Schaummassen zu bekämpfen, erklärten sie mir treuherzig. Ich bitte Sie, das ist doch so blöd, das es nur vorsätzlich sein kann, meinen Sie nicht auch? Meinen Sie doch auch, oder???

Vielleicht muss ich mir Sorgen machen? Sachen werden bei uns grundsätzlich geschmissen oder in Einzelteile zerlegt, Dreckwäsche häuft sich immer neben dem Wäschekorb an, wenn überhaupt. Meistens liegt sie im Kinderzimmer verteilt. Meine Söhne hinterlassen eine Spur der Verwüstung.

Nun habe ich deswegen besonders viel Hoffnung in die Karriere meiner Tochter gesetzt. Zumindest bis vor einigen Tagen.

»Ich höre mit dem affigen Ballett auf«, erklärte sie mir, nachdem sie »You can dance!« im Fernsehen gesehen hatte. An dieser Stelle: Vielen Dank auch an die Produzenten dieser Sendung!! Meine Tochter findet es neuerdings viel cooler, eine Hip-Hop-Queen zu werden, und hat den »sterbenden Schwan« über Bord geworfen.

»Es ist mein Leben«, erklärt sie mir mit dramatischem Augenaufschlag, und ich kündige schweren Herzens den Dauerauftrag für die Ballettschule.

»Voll fies«, höre ich sie vor dem Badezimmerspiegel stöhnen.

»Was ist denn, meine Sannemaus?«, frage ich besorgt.

»Voll fies, dass Heidi nicht schon 13-Jährige für ›Germanys next Topmodel‹ zulässt.«

Ja, du hast Sorgen, denke ich erschüttert. Wie soll aus diesem Mädchen noch eine Außenministerin werden? Oder wenigstens eine Friedensnobelpreis-Trägerin?

Die Jungs haben an diesem Tag noch vierundzwanzig Meter lila glitzerndes Geschenkband in der ganzen Wohnung verteilt und es hier und dort an Klinken geknotet.

Sanne hat sich den fünfundzwanzigsten Meter um die Stirn geschlungen und tanzt wilde Verrenkungen im Wohnzimmer. Naja, denke ich mir sogleich, denn ich bin eine Mutter, der immer was einfällt, um ihre Kinderschar ins rechte Licht zu rücken. Was hat denn Christo damals mit dem Reichstag gemacht? Das war doch irgendwie auch nicht so superschlau, ein Regierungsgebäude einzupacken.

Wer weiß? Vielleicht hat Klein-Einstein auch mal Bauklötze auf Passanten geworfen? Und Angela Merkel war in ihrer Teenager-Zeit eine begnadete Disco-Dancerin?

Ich werde das auf jeden Fall berichten, wenn meine Kinder mal ganz groß rauskommen. Und wenn nicht, dann eben nicht.

24

Huch, wie sehe ich denn aus?

Diese Frage stelle ich mir in letzter Zeit immer öfter. Und zwar nicht nur beim morgendlichen Blick in den Spiegel, sondern beim Blick auf Fotos!

Nein, ich bin ja gar nicht eine von diesen eitlen Gänsen, die sich auf jedem Foto unattraktiv finden. Oder sogar ihren Kopf aus dem Familienfoto herausschneiden. (Ich würde lieber den der Schwiegermutter herausschneiden, aber das ist eine andere Geschichte.) Obwohl … wenn ich mal ganz ehrlich bin, vielleicht bin ich doch genau so eine.

Neulich hielt ich mal wieder ein ganz besonders bescheuertes Foto von mir in den Händen. Alle anderen sahen natürlich blendend aus: Die Zähne meiner Freundin Eva blitzten weiß wie Schnee, das Lächeln meiner Freundin Annette war filmstarreif. Und ich? Ich hatte rote Augen wie ein Kaninchen und einen schiefen Mund, weil ich gerade sagte: »Ihr werdet schon sehen, auf Fotos sehe ich immer blöö – KLICK – ööd aus!« Und recht hatte ich. Warum das so war, wollte ich wissen, und stellte mich vor den Spiegel. Ich setzte mein zauberhaftestes Lächeln auf, und sofort versammelten sich zahlreiche Fältchen in meinen Augenwinkeln. Lieber Himmel! Das war ja eine Verschwörung. Auf der Stelle verging mir mein Grinsen und ich übte mich in einem Vamp-Blick. »Jaha«, sagte dieser Blick. »Ich bin eine Frau, die weiß, was sie will.«

»Mama, wieso guckst du wie Kapitän Haddock, wenn er sauer ist?«, fragte Mäxchen interessiert.

»Hagel und Granaten!«, entfuhr es mir.

»Genau«, jubelte mein Sohn, »und hunderttausend heulende Höllenhunde!«

So viel zum Thema verführerisches Lächeln und entschlossener Blick.

Am nächsten Tag wurde schon wieder fotografiert. Diesmal war es Onkel Kurt, der unbedingt für die Nachwelt festhalten wollte, wie nett es im chinesischen Restaurant war, als Tante Erna versuchte, mit Stäbchen zu essen.

»Ich nicht!«, rief ich.

»Komm schon«, sagte Robert, der liebste Ehemann, und ließ seinen Arm auf meine Schulter krachen. Zwischen unseren Köpfen lugte die Statue eines goldenen Buddhas hervor, auf dem Tisch vor uns stapelten sich leergefutterte Teller. Wenn das nicht ein wundervolles Foto abgeben würde. »Auf Fotos habe ich immer rooo – KLICK – ooote Augen«, wollte ich Onkel Kurt noch sagen, doch zu spät, und er machte dann gleich noch ein Foto hinterher, als ich Robert angiftete, er solle endlich seinen schweren Arm aus meinem Genick nehmen.

Wenig später erhalte ich einen Brief von Onkel Kurt mit den Abzügen. Man sieht Tante Erna, schön wie nie zuvor, wie sie mit der Anmut einer Geisha ihre Stäbchen in die Höhe hält. Man sieht meine drei Kinder, die engelsgleich lächeln, man sieht Robert, der auf einmal ein bisschen aussieht wie George Clooney. Dieser George-Clooney-Verschnitt hält eine rotäugige Frau mit Fischmund im Arm, die aussieht, als wäre sie halb bewusstlos. Sogar der fette goldene Buddha neben ihr ist attraktiver.

»Hmmmm, schönes Bild«, murmelt Robert-George, der mir über die Schulter guckt.

»Waaas?«, erwidere ich erregt. Gut, dass jetzt niemand ein Foto machen kann. Man hätte all meine Zahnfüllungen gesehen. »So sehe ich doch nicht aus!«

»Wieso?«, fragt Robert arglos. »Ist doch nett getroffen!«

»Du bist nett getroffen, aber in Wirklichkeit siehst du gar nicht so gut aus. Du bist nur fotogen, aber ich …«

Ich muss kurz Luft holen. »Ich …«

»Du spinnst«, unterbricht mich Robert und lässt mich stehen.

Hm, das war jetzt vielleicht nicht nett von mir gewesen. Aber ist doch wahr! Wenn man auf jedem Bild aussieht wie ein saurer Kapitän Haddock, dann kann doch etwas nicht stimmen. Nachdenklich gehe ich wieder zum Spiegel. Vielleicht sehe ich aus wie Kapitän Haddock?

Nein, beschließe ich und lächele ein wenig zauberhaft. Das wirkt doch ganz passabel. Sehr diskret, doch freundlich und weltoffen. Wie eine Stewardess! Ich habe mein neues Lächeln gefunden.

»Sie steht wieder vor dem Spiegel und zieht Gesichter«, höre ich Mäxchen wispern, und zwei kleine Jungs äugen amüsiert um die Ecke.

»Was gibt es da zu flüstern?«, rufe ich und sehe, wie sich im Spiegel meine Augenbrauen zusammenziehen. Die Stewardess mutiert auf der Stelle zum düsteren Comic-Helden. Die Jungs kichern beeindruckt. »Kommt mal her!«, rufe ich und hake das Foto aus dem China-Restaurant hoch. »Sehe ich so aus?«

»Jo!«, erwidern die Jungs.

»Und Papa?«, forsche ich verzweifelt.

»Der sieht in echt viel besser aus.« Seitdem lasse ich mich nicht mehr fotografieren. Manche Leute sind fotogen, andere sind es nicht. Meine Nachfahren werden glauben, dass ich eine höchst unattraktive Person gewesen bin. Vielleicht arbeite ich doch noch ein wenig an meinem Stewardessen-Lächeln.

25

Der große Lausch-Angriff

»Wir haben einen Ofen im Zimmer!« Das war der Warnspruch meiner Großmutter, wenn das Thema heiß wurde und Kinderohren rot zu glühen begannen.

Diese glühenden Kinderohren gehörten angeblich zu mir und es soll mir meine größte Freude gewesen sein, die Gespräche der Erwachsenen zu belauschen. Kann mich gar nicht daran erinnern, nur dass es immer ein kleines bisschen spannender wurde, wenn die Rede von Tante Rosa war. Die war nämlich nach drei Monaten Ehe mit einem Matrosen durchgebrannt und nach weiteren drei Monaten wieder da gewesen. Schwanger von …? Das wusste sie selbst nicht. Und dann hat ihr Ehemann … An dieser Stelle sagte meine Oma dann meist den blöden Spruch, der weiter oben steht. Und ich soll einmal frustriert gerufen haben: »Mit dem Ofen meint ihr mich!«

Ich bin ja eigentlich gar kein tratschsüchtiger Mensch. Und als Brad Pitt damals etwas mit Angelina Jolie angefangen hat, da ließ mich das ganz kalt. Davon abgesehen, dass ich es ganz schön gemein von ihm fand und ich Jennifer Aniston beinahe einen Brief geschrieben hätte. Nur ein paar aufbauende Worte unter Frauen, um ihr mitzuteilen, dass sie den Kopf nicht hängen lassen soll und dass Männer in diesem Alter zu Übersprungsreaktionen neigen und so weiter und so weiter. Aber wirklich interessiert hat mich das Ganze genauso wenig wie die Geschichte von Tante Rosa, die wenig später ein Baby schwarzer Hautfarbe zur Welt brachte und … Und damit wären wir wieder beim Ofenspruch. Denselben habe ich übrigens neulich selbst benutzt. Vielleicht, um die Zeit meiner kindlichen, rot glühenden Ohren besser zu verarbeiten. Denn was für ein Frust, wenn man immer dann auf Ofen zu sprechen kommt, wenn Tante Rosa ein Verhältnis mit dem Bruder ihres Mannes beginnt.

Neulich saß ich also mit Sabine gemütlich im Wohnzimmer und sie erzählte mir gerade haarklein, wie ihr Zahnarzt sie bei einer Wurzelspitzenresektion fragte, ob sie nicht mal essen gehen wollen, und wie sie versucht hatte zu nicken, und dann ... fiel mir meine Tochter Sanne auf, die mit merkwürdig glasigem Blick im Türrahmen lehnte und vor lauter Konzentration den Kopf schief gelegt hatte.

»Was möchtest du?«, fragte ich kurz angebunden.

»Nichts«, flüsterte sie und tat so, als suche sie etwas im Bücherregal.

»Wir sind also ins ›Don Giovanni‹ essen gegangen«, fuhr Sabine fort. »Meine Backe war kaum noch geschwollen, und ich kann dir eins sagen, küssen ...«

»Haaa!«, unterbrach ich. Sannes Ohren glühten wie zwei Abendsonnen.

»Was denn?«, fragte Sabine. »Wir sind dann zu ihm gegangen. Und dort ...«

»Wir haben einen Ofen im Zimmer!«, rief ich und hörte mich originalgetreu wie meine Oma vor dreißig Jahren an. Das hat mich dann doch etwas schockiert.

»Ofen?«, fragte Sabine irritiert. »Ihr habt doch Zentralheizung, oder?«

»Meistens«, flüsterte ich und machte ruckartige Kopfbewegungen in Richtung Sanne, die im Schneckentempo ein Buch aus dem Regal zog. »Leckere Toscana-Küche« stand darauf, was meinen Verdacht erhärtete.

»Also«, fuhr Sabine unbeirrt fort, »kaum war die Tür zu, hat mir Doktor Eibel die Klamotten vom Leib gerissen, er heißt übrigens Kurt, und seine Hose bekam er beinahe nicht runter, weil er so einen monstermäßigen ...«

»Der Ofen!«, schrie ich.

Da drehte sich Sanne um, die »Toscana-Küche« unter den Arm geklemmt, und rief frustriert: »Mit dem Ofen meint ihr mich!«

So schließen sich die Kreise.

Aber da ich ihre Frustration nur zu gut verstehen konnte – schließlich habe ich nie erfahren, von wem Tante Rosas Zwillinge waren und ob sie am Ende den reichen Grafen geheiratet hat oder nicht –, habe ich Sanne versprochen, ihr zu erzählen, wie das mit Sabine und Dr. Kurt Eibel ausgegangen war.

Die jugendfreie Version natürlich, bei der es um viel gemeinsam getrunkenen Kaffee gegangen war.

»Und wieso hat er seine Hose nicht aufbekommen?«, unterbrach sie mich mit rot glühenden Ohren.

Ich improvisierte hastig über Dr. Eibels Blasenschwäche (Kaffee treibt), seinen klemmenden Reißverschluss und den Handkuss, den er Sabine zum Abschied gegeben hatte.

Alles, was ich erntete, war ein skeptischer Blick meiner Tochter.

Ich verfluchte alle Öfen dieser Welt, meine Großmutter und die umtriebige Tante Rosa und nahm mir vor, Sanne beim nächsten Mal einfach mit roten Ohren lauschen zu lassen.

Schließlich leben wir doch in einer modernen Welt voller Zentralheizungen.

26

Mütter dürfen einfach nicht fasten!

Ich schätze Traditionen! Deswegen esse ich auch gern, was die deutsche Küche so hergibt. Zum Beispiel Entenbrüstchen oder Leberwurst.

Mit den Traditionen ist es ja meistens so, dass ein tieferer Sinn dahintersteckt. Man isst fettes Fleisch, weil man in der kalten Jahreszeit mehr Kalorien benötigt, und man zündet Kerzen an, um die Dunkelheit zu vertreiben, und man isst Lebkuchen, weil … sie so lecker sind? All diese Gedanken mache ich mir, während ich gerade zufälligerweise auf der Waage stehe. Und ich muss zugeben, dass Weihnachten schon ziemlich lange her ist. Trotzdem blinkt mir die rote Digitalanzeige eine Zahl entgegen, die eine schamlose Lüge sein muss. Da fällt mir auch keine altehrwürdige Tradition mehr ein.

Und auch keine Ausrede, denn so kalt und dunkel die Jahreszeit auch sein mag, es gibt ja seit einiger Zeit Heizungen und Lichtschalter. Und Digitalanzeigen auf verlogenen Waagen.

Es ist schon blöd, wenn man jedes Jahr aufs Neue an denselben guten Vorsätzen scheitert. Hatte ich mir nicht schon im letzten Jahr vorgenommen abzunehmen? Und im Jahr davor?

Immer wieder im Januar oder Februar, wenn man in den Zeitschriften die neue Bikini-Mode bewundern und ein paar Seiten weiter hasserfüllte Blicke auf Teri Hatcher und Gisèle Bündchen werfen kann. Wieso sind die so dünn? Teilen die sich zu Weihnachten einen Dominostein? Wo ich mir schon heldinnenhaft vorkomme, wenn ich mich auf die halbe Schachtel beschränke?

Also gut, denke ich mir, und springe nicht gerade gazellengleich von der Waage. In diesem Jahr – und das ist mein brandneuer Vorsatz – werde ich mich gar nicht erst mit Diäten herumplagen. Das ist doch letztlich etwas für Halbherzige. Ich werde regelmäßig FASTEN und dermaßen geläutert, meinen gesamten Ernährungsplan umstellen. Was sagen Sie nun? Sie sind beeindruckt. Das kann ich mir gut vorstellen. Ich bin es nämlich auch. Was für eine Willenskraft, denke ich und starre ergriffen in den Spiegel. Und wie einfach die Lösung ist. Nie wieder wird der Gestank einer kalorienarmen Kohlsuppe unsere Wohnung verpesten, nie wieder wird sich meine Zunge unter fettfreiem Diätjoghurt zusammenkrümmen. Nein! Ich esse entweder gar nichts mehr oder sehr wenig. Wie ein tibetischer Mönch. Und schwuppdiwupp sehe ich aus wie Kate Moss.

Vielleicht sehen Sie mich demnächst auch tiefgründig aus einer Parfümwerbung äugen. Hochgestecktes Haar, eine Haut wie Milch und Honig, ja! Es ist alles eine Frage des Willens. Diäten? Dass ich nicht lache, das ist etwas für Weicheier. Apropos Eier. Ich komme gerade an der Küche vorbei und werfe einen letzten, etwas wehmütigen Blick hinein. Vorbei die Zeiten der geschlagenen Sahne. Ja, so ist das mit charakterfesten Menschen, sie treffen eine Entscheidung und dann wird nichts mehr in Frage gestellt, dann …

»Mama, Hunger!«, begrüßt mich mein Jüngster herzlich.

»Ich auch!«, ruft Samuel und der Alltag hat mich wieder. Ich stelle verschiedene Nahrungsmittel auf den Tisch, ohne sie näher zu betrachten. Sie verstehen: Ich muss einen gewissen Sicherheitsabstand wahren. Denn ich bin eine Frau, die fastet und demnächst vielleicht Fotos in Schwarzweiß von sich und ihrem elfenhaften Körper machen lassen wird.

»Was sollen die sauren Gurken zum Frühstück?«, fragt Mäxchen.

»Mama ist schwanger!«, schreit Sanne.

Ich trinke ein Glas lauwarmes Wasser, halte mich an der Spüle fest und versuche zu lächeln. Es fällt mir nicht leicht, denn mein Magen zieht sich gerade zusammen. Vielleicht drückt er mir seine Zustimmung aus? Ich kann es nicht einschätzen. Als Sanne sich Honig auf ihr Brot tropfen lässt, läuft Wasser in meinem Mund zusammen.

»Isst du nicht?«, werde ich gefragt.

»Nächste Woche vielleicht wieder«, antworte ich und dann muss ich mich setzen, denn mir wird schwindelig. Ich bin wahrscheinlich unterzuckert.

In diesem Moment haut Mäxchen seinem Bruder eine butterbeschmierte Brötchenhälfte ins Gesicht und der verschüttet daraufhin seinen Kakao.

»Blödeimer!«, wird gerufen. Bunte Lichter leuchten vor meinen Augen. Mein Magen grummelt etwas Unverständliches.

»Ruhe!«, kreische ich und spucke dabei ein bisschen auf den Tisch.

»Iiih!«, rufen die Kinder, und dann kracht mein Kopf in den Brötchenkorb.

Mütter können nicht fasten. Das ist die Erkenntnis des Jahres 2007. Ich habe es ausprobiert. Zwei Stunden lang habe ich tapfer gefastet. Und dann ausgiebig gefrühstückt. Vielleicht mache ich demnächst eine kleine Diät. Das reicht vollkommen aus.

Und an die alten Traditionen sollte man sich auch halten (Kaffee und Kuchen am Sonntagnachmittag zum Beispiel). Das sind wir unseren Müttern und Großmüttern schuldig.

27

War das eben wirklich ich?

Anders gefragt: Will ich so sein? Eine Frau, die ihren Kindern immer wieder dieselben Sachen sagt … und noch mal … und noch mal …

Und ich hoffe dabei immer, dass die Kinder das doch auch so dermaßen nerven muss, dass sie eines schönen Tages vielleicht einmal auf mich hören werden.

Bis jetzt ist es aber noch nicht so gewesen.

Bei uns ziehen sich die Kinder am Abend nicht aus, sie treten sich die Kleidung vom Leib und verteilen sie anschließend über dem Fußboden. Bei uns wird auf Körperhygiene keinen Wert gelegt: Die Kinder wischen sich die Nutella-Mäuler an der Gardine ab, schmieren sich den Rest ins Haar und gehen wieder spielen. »Jeder trägt sein Geschirr raus!«, rufe ich zum fünfundachtzigtausendsten Mal in meinem Leben. Verschiedene Speisereste plumpsen kurz darauf in die Spülmaschine, Teller und Tassen werden kreuz und quer gestellt.

Zum Abschluss ergießt sich noch eine halbe Tasse Kakao auf den Boden. Und dann sind sie alle weg.

Erschöpft streiche ich mir eine Haarsträhne aus dem Gesicht. Wahrscheinlich verteile ich gerade den letzten Rest Leberwurst auf meinem Scheitel.

Egal, denke ich frustriert. Egal. Ich bin eine Mischung aus Feldwebel und Roboter. Ich gebe Befehle, auf die keiner hört, und wiederhole sie, bis ich mir selbst auf den Wecker gehe. All das, ohne dass jemand darauf reagiert.

»Habt ihr Zähne geputzt?«, frage ich, nachdem ich mir die Leberwurst vom Kopf gewischt habe.

Keiner antwortet.

Wo sind sie nur, all die braven Kinder?

»Habt ihr Zähne geputzt?«, frage ich noch mal. Man schaut mich gequält an.

»Aber ja«, antwortet Mäxchen und lächelt mich versonnen an. Dabei sehe ich einige Mohnkörner zwischen seinen Zähnen glänzen.

Sehr geehrte Frau Super-Nanny-Saalfrank, wie reagiert man in solch einem Fall, der nur ein winziger in einer täglichen Abfolge von erzieherischen Versagensfällen ist? Was sagt man dem Sohn, der in einem rappelvollen Bus seinen Blähungen freien Lauf lässt und laut und fröhlich ruft: »Puuuh! Wer hat denn hier gepuuuupst? Meine Mama war's!«?

Was sagt man seinem anderen Sohn, dem schwarze Mohnkrümel in den Schneidezähnen hängen und der wenig später behauptet, er hätte seine Zahnbürste verlegt?

Mal ehrlich: Man sagt das, was man bereits tausendfach vorher gesagt hat und was man in den kommenden Jahren auch noch sagen wird (mir wird ganz schwindelig).

In alten Spielfilmen sind Kinder immer so hübsch artig. Sie machen ihre Betten und begrüßen Besuch. Shirley Temple zum Beispiel und der kleine Junge, dem Lassie gehört. Oder John Boy. Der sagt allen immer so nett gute Nacht.

In alten Filmen haben Kinder immer sauberes, gekämmtes Haar, sind nie pubertätsgeschüttelt, sondern bringen ihrer Mutter den Nachmittagstee.

Sie pupsen auch nie in Bussen.

Das Dumme ist: Es gibt sie in Wirklichkeit gar nicht. Sie entspringen dem Wunschdenken von Regisseuren, deren Nachkommen zu Hause auch Nutella in die Gardinen schmieren. Oder sie sind die geistigen Kreationen kinderloser Regisseure, die keine Ahnung davon haben, dass Erziehung manchmal Arbeit in einem Steinlager bedeutet.

»Geh Zähne putzen«, knurre ich Mäxchen an.

»Leg deine verkrustete Jeans in den Wäschekorb«, belle ich in Richtung Samuel.

»Räum dein Zimmer auf!«, meckere ich in Richtung Sanne. Doch damit ist es nicht getan, denn ich bin ja wie gesagt nicht nur Feldwebelin, ich bin ja auch Roboterin. Also schicke ich mit monotoner Stimme hinterher: »Dann SUCH deine verdammte Zahnbürste, Max, SUCH sie. IN den Wäschekorb, Samuel, IN den Wäschekorb, nicht daneben. SOFORT räumst du dein Zimmer auf, Sanne, es ist mir ganz egal, wenn du davon Malaria bekommst, du räumst JETZT auf. Nein, Max, mit dem Zeigefinger putzen gilt nicht. Samuel, KOMM sofort aus dem Wäschekorb raus. Max, das ist meine WIMPERNZANGE, damit kann man keine Zähne putzen, Sanne, mach die Musik LEISER: Wenn ihr jetzt nicht gleich hört, dann DREHE ICH DUUUURCH!!!!« (Schon passiert.)

Wenig später findet Samuel im Wäschekorb Max' Zahnbürste, Sanne legt sich mit selbst diagnostizierter Malaria ins Bett – und ich?

Ich sage wieder sehr viel bereits Gesagtes. Ich erspare Ihnen die Details.

»Dein Schreibtisch sieht auch nicht gerade ordentlich aus«, ruft Samuel, als ich kurz Luft hole, um noch viel mehr zu sagen.

»Das hat was mit Kreativität zu tun«, gebe ich zu bedenken.

»Und das Durcheinander in deiner Unterwäsche?«, fragt Sanne.

»Auch!«, rufe ich verunsichert.

»Wer sagt das?«, will Samuel wissen und bohrt sich Maxchens Zahnbürste ins Ohr.

Ich habe mich mit meinen Kindern inzwischen auf einige hygienische Grundsatzregeln geeinigt.

Und der ganze Rest wird sich hoffentlich im Laufe der kommenden Jahre finden.

28

Immer wieder sonntags ...

Der Sonntag ist ein trügerischer Tag. Jedenfalls bei uns: Morgens geht es noch recht entspannt zu, doch leider hält das selten lange an.

Gehört Ihre etwa zu den Familien, die morgens um zehn Uhr gemeinsam im Bett frühstücken und dazu den Klassiksender im Radio laufen haben? Wie idyllisch. Sie sind zu beneiden. Wir Wekwerths finden uns meist zerstrubbelt in der Küche ein, nachdem ich um sieben einen Bruderstreit schlichten musste, gegen acht drei miteinander verknotete Playmobilmännchen befreit habe, gegen neun mitgeteilt bekomme, dass es durchaus möglich ist, dass die Erde demnächst von einem Meteoriteneinschlag zerstört wird. Dann bin ich wach.

Ich schlurfe in die Küche. Es ist anstrengend, immer wieder aufzuwachen und wieder einzuschlafen. Sonntagmorgens bin ich also ziemlich gestresst. Mit verquollenen Augen hantiere ich an der Kaffeemaschine herum.

»Die Erde würde zerspringen wie eine Glasmurmel, die man vom Balkon in den Hof schmeißt«, informiert mich Samuel.

Ich glaub ihm aufs Wort. Es ist ihm anzusehen, dass er weiß, wovon er spricht.

»Wenn uns der Meteorit nur streift, kommt es zu Klimaveränderungen«, fährt er fort.

Ich gähne.

»Ver-hee-ren-dster Art!«, ruft er.

»Ja doch«, murre ich. »Kannst du mal den Tisch decken?«

Gibt es eine Steigerungsform von verheerend?, frage ich mich. Verheerend ist doch verheerend genug. Genau wie der Zustand meiner Haare. Der könnte auch nicht schlimmer sein.

»Es kommt natürlich auf die Größe des Meteoriten an«, gibt Samuel zu bedenken und ich verfluche die »Was ist was«-Kassetten, die er zu Weihnachten geschenkt bekommen hat. Letzten Sonntag hat er mir einen Vortrag über Vulkane gehalten.

»Samuel ist ein Streber-Schleim-Kopf«, verkündet Mäxchen.

Und dann fangen sie an zu streiten. In ihrem Zimmer dreht Sanne Nelly Furtado bis zum Anschlag auf. Und ich habe noch nicht mal einen Schluck Kaffee gehabt.

Wo ist eigentlich der liebste Ehemann geblieben? Der schläft noch. Aber nicht mehr lange.

»Geht zu Papa«, sage ich schläfrig. »Und sagt Sanne, sie soll die Musik leise machen.«

Wenn wir dann endlich gefrühstückt haben, finden es die Kinder irre gemütlich, im Schlafanzug herumzuwuseln. Ich auch. Nur Lucky und der liebste Ehemann sind die ungemütlichen Frischluftfanatiker.

»Zieht euch an!«, ruft Robert. Lucky springt japsend an der Haustür hoch.

»Wir haben noch eine Schlacht zu schlagen«, informiert ihn Mäxchen knapp und spurtet im Winnie-Pooh-Pyjama, mit Ritterhelm und gezücktem Schwert an uns vorbei.

Nur nicht lachen, sonst ist er beleidigt.

»Ich muss noch duschen«, sage ich ausweichend. Jetzt im vernieselten Park herumzuirren, entspricht nicht meiner Vorstellung von Sonntagvormittagen.

Sanne liegt in meinem seidenen Morgenrock wie hingegossen auf dem Sofa und telefoniert.

Es versteht sich von selbst, sie nicht zu stören. Also ziehen Hund und Herrchen ab.

Wir anderen haben es weiterhin gemütlich.

Bis ... irgendwann am Nachmittag gegen 15 Uhr die Stimmung kippt.

Das Kinderzimmer sieht aus, als hätte es mehrere Meteoriteneinschläge, Vulkanausbrüche und Großschlachten miterlebt. Die Jungs liegen in (mittlerweile leicht schmuddeligen) Schlafanzügen im Chaos herum und langweilen sich. »Fernsehen«, keuchen sie.

Sanne feilt sich die Fingernägel und leidet aus einem mir unbekannten Grund mit vorwurfsvoller Miene vor sich hin.

»Ihr wolltet ja nicht raus«, erklärt uns Robert, auf dessen Wangen die frische Luft rote Kreise geküsst hat.

»Es regnet«, gebe ich zu bedenken. Vielleicht sollte ich mich doch mal anziehen? Aber wozu? Draußen wird es sowieso gleich wieder dunkel.

»Geht mal eure Zimmer aufräumen«, sage ich also und erwarte mir von dieser Aufforderung nicht viel.

Richtig!

»Fernsehen«, nölen die Jungs und das ist dann der Moment, von dem an der Sonntag den Bach runtergeht.

»Mir ist so langweilig«, stöhnt Sanne und die Jungs beginnen, sich mit Klopapierfetzen zu bewerfen.

Laut kläffend versucht Lucky die Kügelchen zu fangen. Nachher wird er sich unter dem Küchentisch erbrechen und Frau Nolte aus dem dritter Stock wird kommen und sich über der Krach beschweren, den wir den ganzen Sonntag über gemacht haben.

Gegen sechs wird Sanne einfallen dass sie ganz wichtige Hausaufgaben zu erledigen hatte, und Samuel wird einfallen, dass er vergessen hat, für ein Diktat zu üben.

Und mir wird aufgehen, dass es tat sächlich schlauer gewesen wäre, ein bisschen spazieren zu gehen.

Vielleicht treffen wir uns ja nächste Sonntagnachmittag mal irgendwo am Grunewaldsee? Vielleicht.

29

Frühjahrsputz – muss das sein?

Mit aufgekrempelten Ärmchen jage ich jedes Jahr besenschwingend durch die Wohnung und verbreite Ungemütlichkeit.

»Mama, wir wollen in Ruhe spielen«, teilen mir die Jungs mit strenger Miene mit. »Nichts da, spielen!«, schmettere ich und drohe mit der Meister-Proper-Sprühflasche. »Jetzt wird aufgeräumt, und zwar ALLES.«

Es wird gestöhnt. Es wird gejammert. Doch ich und Meister Proper kennen kein Erbarmen. Ich habe mir sogar ein kesses Tüchlein um den Kopf gewunden. Meister Proper lässt Bi- und Trizeps zucken. Wir sind ein unschlagbares Team. Die erste Portion Putzschaum entlädt sich auf dem Flurspiegel. Energisch wienere ich.

»Habt ihr schon aufgeräumt?«, rufe ich atemlos.

»Nö!«, rufen die Jungs zurück.

»Ich komme gleich mit dem Besen und was dann noch auf dem Boden rumliegt, wird weggelegt!«, drohe ich und feuere mit Sprühnebel.

»Alte Hexe«, höre ich die Jungs flüstern und beschließe, es zu ignorieren. Ich bin viel zu beschäftigt. Wie bereinigend, wie erneuernd es doch ist, im immer noch jungen Jahr den alten Dreck fortzuputzen.

Ich schrubbe noch eine Weile an dem Spiegel herum. Dabei wippt mein Kopftuch ganz putzwütig. Sehr tüchtig sehe ich aus. Dann muss ich kurz mal innehalten, weil mir die Luft ausgeht.

Ein Kaffee wäre nicht schlecht.

»Wie sieht es im Kinderzimmer au-haaaus?«, rufe ich über den Flur und lehne mich gegen den Spiegel, was leider einen Fleck hinterlässt. Ich werde mich später darum kümmern, jetzt brauche ich erst mal eine kleine Stärkung. Einen Kaffee, einen Keks. Ich gehe in die Küche, poliere ein wenig an der Spüle herum. Meister Proper nickt zufrieden.

Aus dem Kinderzimmer höre ich keinen Pieps. Wahrscheinlich räumen sie auf. Kinder muss man zur Ordnung erziehen. Kinder? Moment mal. Ich habe doch drei davon. Was treibt eigentlich Sanne? Sie müssen wissen, dass sie neuerdings ein Teenager und sich dieser neuen Verantwortung überaus bewusst ist. Schmollend liegt sie auf ihrem ungemachten Bett. Um sie herum ein Meer von Zeitschriften, Kuscheltieren und Chipstüten. »Auuufräumen!«, rufe ich gegen Shakira an.

»Ach, Menno, Mama!«, mault meine Tochter.

»Ich bin keine Menno-Mama«, gebe ich aufs Originellste zurück. »Mach mal ein bisschen klar Schiff hier.«

»Was hast du da auf dem Kopf?«, will Sanne wissen.

»Ein Putzkopftuch«, erkläre ich hoheitsvoll, kann dann aber ihrem amüsierten Blick nicht länger standhalten und gehe schnell nach nebenan, um zu sehen, was die Jungs tun. Sie mobilisieren gerade eine Playmobil-Armee.

»Ihr sollt aufräumen«, meckere ich.

»Machen wir doch«, wird mir knapp geantwortet. »Wir kontrollieren die Bestände.«

»Siebzehn Pferde, Herr Häuptling«, gibt Samuel seinem kleinen Bruder Bescheid. »Zwanzig Wikinger und fünf Römer.«

Ich trotte in die Küche zurück, vorbei an dem undefinierbaren Fleck auf dem Spiegel und Meister Propers Grinsen, das mir auf einmal ein bisschen hämisch vorkommt.

Ich setze mich mit einer Tasse Kaffee an den Tisch und esse zwei, drei Schokoladenkekse. Und dann einen vierten und fünften. Putzen macht hungrig. Ich trinke einen zweiten Kaffee. Dann muss ich mich wohl oder übel wieder ans Putzen machen. Das Kopftuch kneift mich. Ich bekomme gleich Kopfschmerzen.

Was wollte ich noch alles sauber machen? Die Fenster, die Böden, die Regale, die Schränke von innen und außen. Ich keuche halblaut in meine halbleere Tasse.

Und ziehe Bilanz. Was habe ich bis jetzt geschafft? Den Spiegel im Flur. Vor lauter Stress schenke ich mir ein wenig Kaffee nach.

»Erstatte Bericht«, knarrt mich Mäxchen kurz darauf freundlich an. »Siebzehn Pferde, zweiundzwanzig Wikinger, sechs Römer, ein kopfloser Indianer und der Rest brauchen eine Unterkunft. Wie wäre es mit der Playmobil-Ritterburg?«

»Wie wäre es mit einem Schuhkarton?«, gebe ich unlustig zurück.

»Wenigstens das Playmobil-Flugzeug?«, schachert Mäxchen weiter.

»Wikinger in einem Flugzeug?«, gebe ich zu bedenken.

»Nur um Ordnung zu halten«, lispelt Max feucht und begeistert in mein Ohr. Dieser Junge ist ein geborener Schlawiner und wird es weit bringen.

Ich hingegen habe es an diesem Nachmittag nicht besonders weit gebracht. Ich habe schätzungsweise tausend Kalorien in Form von Schokokeksen zu mir genommen und einen Spiegel geputzt, auf dem ich sofort einen neuen Fleck hinterlassen habe.

Sanne hat immerhin zwei Chipstüten aufgehoben. Die Jungs haben Playmobil-Inventur gemacht. Und ich? Ich habe jetzt keine Lust mehr zu putzen.

Es klingelt an der Tür. Es ist die Nachbarin, die ihren Sohn zum Spielen bringt. Das hatte ich ganz vergessen. Mit dem Besen in der Hand öffne ich.

»Na?«, werde ich mitleidig gefragt. »Auch am Putzen?«

»Nö«, gebe ich wahrheitsgemäß zurück. »Ich fliege gleich zum großen Hexentreffen.«

Die Sache mit dem Großputz habe ich auf nächstes Jahr verschoben. Schließlich gab es ja keinen richtigen Winter. Da braucht man auch keinen Frühjahrsputz!

Das muss selbst Meister Proper einsehen.

30

Ausgehen wär eine prima Idee …

… denn man muss doch sein Leben genießen! Das nehme ich mir jedenfalls immer wieder fest vor. Doch die Verhältnisse, sie sind nicht so.

»Wollen wir mal wieder ins Kino gehen?«, fragt meine Freundin Marie am Telefon.

»Gute Idee, heute Abend?«, frage ich zurück, und die Verabredung steht. Es ist elf Uhr morgens. Meine Biokurve ist nach vier Tassen Kaffee und zwei Marmeladenbrötchen endlich in die Höhe geschnellt. Nachdem sie stundenlang auf Tiefstniveau dahingedümpelt ist.

Morgens kann ich kaum sprechen, so müde bin ich immer. Ich mache nur den Mund auf, um Koffein hineinzugießen und die Kinder anzumeckern. Dann mache ich ihn wieder zu und bemühe mich, nicht einzuschlafen. Diesen Zustand habe ich am späten Vormittag überwunden. Ich bin wach, gut gelaunt, voller Tatendrang. Zu dieser Zeit überschätze ich mich dann auch recht häufig und treffe leichtfertig Verabredungen für den Abend. Denn Sie müssen wissen: Am Vormittag habe ich meinen Aktivitäts-Zenit erreicht. Zu Deutsch: Ab da geht es wieder bergab mit der Energie. Sobald ich Mittag gegessen habe, werde ich müde. Ich hätte Lust auf ein Schläfchen, muss aber Kinder durch die Gegend kutschieren, einkaufen, Gassi gehen, zur Post, zur Bank. Ich nehme an, Sie kennen das Programm.

»Mama, leg mal Lippenstift nach«, rät mir Sanne, bevor ich

ihren Mathelehrer sprechen muss. »Dann siehst du ein bisschen dynamischer aus.«

»Wie sehe ich denn aus?«, frage ich. »Undynamisch?«

»So ungefähr«, lautet die Antwort, und ein Blick auf die Uhr sagt mir, dass sie Recht haben könnte. Es ist halb vier. Meine Biokurve befindet sich ab jetzt für einige Stunden auf dem Nullpunkt. Ich bin müde und fange an, mich auf einen ruhigen Abend zu freuen.

Und dann fällt mir die Verabredung mit Marie wieder ein. Kino? Ich? Heute Abend? Ich stöhne. Und morgen früh um halb sieben muss ich aufstehen. Was für eine Qual.

Ich greife zum Hörer. Doch das Telefon ist schneller und klingelt mich an. Es ist Franzi, eine Freundin von Sanne. Dieses Gespräch kann eine Weile dauern. Ich räume in der Wohnung herum und lausche nebenbei diskret, was meine Tochter zu vermelden hat. Großes Gekicher, »You can dance«-Endausscheidung! Ein Triumph, aber Jimmy hätte doch auch … Ich sitze auf dem Sofa und erwäge, kurz die Augen zu schließen. Gefährlich!

Was wollte ich gerade tun? Marie anrufen und absagen. Was ist aus dem ehemaligen Party-Girl (ich meine mir!) geworden, frage ich mich. Jemand, der es abends einfach nicht mehr raus schafft. Jemand, der abends am liebsten ein sanftes Rentner-Programm fährt. Ein bisschen fernsehen, ein bisschen lesen, ein Gläschen Wein. Wie gemütlich. Oh Gott! Mir graut vor mir selbst. Ich bin eine Langweilerin geworden. Mit einer Biokurven-Flatrate. Mit diesem unguten Gedanken schlafe ich auf dem Sofa ein und wache kurz darauf von meinem eigenen Schnarchen auf.

Wie peinlich, hoffentlich hat es niemand mitbekommen.

»Mama, du hast geschnarcht«, teilt mir Samuel freundlich mit.

»Na so was«, murmele ich und raffe mich auf. Der Tag hat noch viele Stunden.

Was wollte ich gerade tun? Kaffee kochen wahrscheinlich.

»Mama«, ruft Sanne: »Dividieren heißt multiplizieren mit dem Kehrwert, oder?«

»Ja, genau«, sage ich, denn ich muss ja mein Gesicht wahren.

»Und wie erhalte ich den Kehrwert einer rationalen Zahl?«, forscht sie weiter.

»Hmmpf«, antworte ich ausweichend und tue so, als müsse ich die blubbernde Kaffeemaschine genauestens überwachen.

Sanne gibt auf. Wenig später verhelfen viel Koffein und ein Wutanfall (den ich wegen eines verschimmelten Käsebrots in Mäxchens Schulranzen erleide) meiner Biokurve zu einem sanften Auftrieb. Es ist kurz vor 18 Uhr. Kino in zwei Stunden? Könnte ich das schaffen? Ich müsste mir andere Schuhe anziehen, gebe ich mir zu bedenken, und einen Mantel. Ich müsste mich in einen Bus setzen! Das ist alles ein bisschen viel verlangt für eine hart arbeitende Frau.

Während sich die Kinder am Abendbrottisch um das letzte Radieschen streiten, gebe ich mir einen Ruck. Es wäre doch nett, Marie zu treffen, den neuen James Bond wollte ich auch gern sehen. Und hinterher einen kleinen Cocktail schlürfen? Das wäre doch wie früher. Meine Biokurve zuckt unternehmungslustig. Ich lege ein bisschen Lippenstift auf. Robert, der liebste Ehemann, kriegt letzte Anweisungen, ich sprühe mir Parfüm hinter das Ohr, ziehe meinen Mantel an. Da klingelt das Telefon. Es ist Marie mit matter Stimme (Biokurve auf Null).

»Ich kriege es einfach nicht hin«, krächzt sie. »War heute mit den Kindern beim Zahnarzt und dann mit beiden Schuhe kaufen, im Büro auch nur Stress, und jetzt ist die Spülmaschine kaputt.« Ihre Stimme bricht.

Es wird wohl doch wieder ein netter, ruhiger Rentnerabend werden. Und dagegen habe ich die kommenden zehn Jahre eigentlich gar nichts einzuwenden.

31

Kleine Jungs leiden im Doppelpack

Wenn bei uns ein kleiner Junge krank ist, wird es der zweite aus lauter Brudersolidarität ebenfalls. Ganz zu schweigen vom Vater.

Und flugs habe ich ein Männerhospital für Reizhustenerkrankungen und Rotznasen zu Hause. So wie letztes Wochenende. »Mir tut alles weh«, jammert Samuel Freitagnachmittag.

»Mein armes Schäfchen«, murmele ich etwas abwesend, denn ich bin gerade am Telefon und bürste gleichzeitig meine Haare. In einer Stunde will ich mit meinem liebsten Ehemann das Haus verlassen.

»Alles weeeeh!«, wiederholt Samuel eindringlich. Es könnte der Blinddarm sein oder etwas viel Schlimmeres, an dessen Namen ich mich nicht erinnere. Also beende ich das Telefonat, lege die Bürste beiseite, sage die Verabredung ab und das Wochenende kann beginnen!

»Darf ich vor dem Fernseher essen?«, jammert Samuel. »Auf dem Sofa? Mit Decke? Und Tee?«

So verlockend sieht unser Krankenverrsorgungsprogramm aus.

»Ich auch«, erbost sich Mäxchen, der bis eben stumm im Türrahmen gelehnt hat. »Ich habe nämlich Herzrasen!«

»Kann nicht sein«, widerspreche ich und ziehe dem schlagartig erschlafften Samuel die Kleidung vom Leib.

»Wo tut es denn weh?«, frage ich.

»Überall«, keucht er und schließt vor lauter Schwäche die Augen.

»Und mir hier«, sagt Mäxchen und zeigt auf seine rechte Brust.

»Das Herz liegt links«, informiere ich ihn kurz angebunden. »Hol mir mal lieber das Fieberthermometer.«

»Mein Herz ist aber rechts«, kreischt er. »Und deswegen rast es auch so.«

Ich sehe Samuel trotz seiner Schmerzen grinsen. »Der will nur auch vor der Glotze hocken«, murmelt er.

»Das ist so ungerecht!«, wütet Mäxchen. Inzwischen steckt Samuel in einem Schlafanzug.

»Du gehst jetzt ins Bett«, sage ich.

»Fernsehen«, stöhnt er.

»Du bist zu schwach«, erwidere ich. »Du kannst ja eine Kassette hören und ich bringe dir Tee.«

»Na gut«, wispert Samuel. »Und ein paar Butterkekse.«

»Aaaah, diese Herzschmerzen«, keucht Mäxchen und fasst sich an die Stirn. Als ich mit Tee und Keksen wieder ins Kinderzimmer komme, liegen zwei Jungs in den Betten und lauschen den Abenteuern von Tom Sawyer und Huckleberry Finn.

Es sieht sehr gemütlich aus.

»Auch Tee haben«, stößt Mäxchen hervor.

»Ich bediene hier nicht zwei junge Herren«, meckere ich und messe bei Samuel Fieber. Leicht erhöhte Temperatur.

»Siehste«, triumphiert er in Richtung seines kleinen Bruders.

»Ich habe auch Fieber, nur bei mir misst es ja keiner, bu-huhuu.«

»Kranksein ist doch kein schöner Zustand«, rufe ich wütend.

»Doch!«, kreischt Mäxchen. »Bei dir schon.«

Mache ich etwas falsch? Ein krankes Kind muss man doch ein bisschen verwöhnen, oder? Da hocken sie beide Keks krümelnd in ihren Betten. Sie sehen zufrieden aus. Und ich habe eine Einladung zum Abendessen verpasst.

Am nächsten Morgen nimmt das Drama seinen Lauf.

»Frühstück ans Bett?«, fragt Samuel und blinzelt verstört, obwohl er inzwischen völlig fieberfrei ist.

»Auch«, winselt Mäxchen und fasst sich an den Bauch.

»Wie geht es deinem Herzen?«, frage ich ihn.

»Es schlägt«, gibt er zurück und nickt voller böser Vorahnungen. »Bestimmt kann ich am Montag nicht in die Schule gehen.«

»Ich natürlich auch nicht«, ruft Samuel.

»Was soll ich tun?«, frage ich Robert, den liebsten Ehemann.

»Wie tapfer sie sind«, antwortet er gerührt. »Kein Kind legt sich freiwillig ins Bett.«

»Hmmm«, mache ich ungläubig. Unsere Jungs halten sich sehr gern im Bett auf, beschallt von Bibi Blocksberg und den fünf Freunden, versorgt mit Getränken und kräftigenden Speisen. Kuscheltiere und kiloweise Playmobil unter den Decken. So halten sie es eine ganze Weile aus.

»Mäxchen«, bitte ich. »Komm doch aus dem Bett. Wir gehen spazieren.«

»Sam auch mit?«, fragt er. Wenn man herzkrank ist, kann man wohl keine ganzen Sätze formulieren.

»Nein, der bleibt liegen.«

»Müde«, keucht er als Antwort und dreht den Kopf zur Wand.

»Könnten wir noch ein paar Äpfelchen haben?«, fragt Samuel.

Auf dem Weg in die Küche treffe ich den liebsten Ehemann.

»Mir ist so komisch«, sagt er mit matter Stimme. »Ich leg mich besser ins Bett, man kann nie wissen.«

Und nun habe ich das weiter oben bereits erwähnte Krankenlager. Schwester Tanja hat alle Hände voll zu tun, kocht Süppchen, verteilt Naschwerk, richtet Kissen. Bis es mir am Sonntagvormittag zu dumm wird. »Ich rufe den Notarzt«, sage ich.

»Du übertreibst«, findet Robert und schlürft ein Tässchen Kaffee.

»Keinen Arzt«, flehen die Jungs. »Wir schaffen das auch so.«

»Aber ich nicht«, gebe ich verkniffen zurück.

»Komm, leg dich zu mir«, bietet mir Robert mit vielsagendem Blick an. Vor lauter Fieber hat er wohl Krankenschwester-Fantasien bekommen.

»Wollen wir ins Kino gehen?«, frage ich ausweichend.

Und vergessen sind Herz- und Gliederschmerzen. Nur Robert leidet noch ein bisschen weiter. Aber der ist ja auch ein Mann!

32

Darf ich bitte mal ausreden?

Stellen Sie diese Frage auch von Zeit zu Zeit? Um genau zu sein, stelle ich sie mehrmals täglich … und habe dann meist vergessen, was ich sagen wollte.

»Darf ich bitte mal ausreden?«, meckere ich Mäxchen an, der mitten in meinen Satz »KRIEG ICH WAS SÜSSES?« posaunt. Ich habe gerade etwas über die Wichtigkeit des Händewaschens erzählt. Das ist doch interessant! Wie die Bakterien dort herumkrabbeln und wie …

»ICH AUCH!«, grölt Samuel.

Sehen Sie! Da tun sie es schon wieder. Gerade so, als hätte ich gar nichts gesagt.

»Das ist sehr unhöflich«, unterrichte ich meine Kinder. »Man fällt Leuten nicht einfach ins Wort, man wartet ab, bis sie fertig gesprochen haben und …«

»Sorry«, sagt Mäxchen lässig.

Ich seufze und fühle mich unverstanden. »Und?«, fragt Samuel, »kriegen wir jetzt was Süßes?«

»Habt ihr eure Hände gewaschen?«, frage ich zurück. »Wisst ihr, es ist wirklich wichtig, dass ihr eure …«

»Schon gut, Mama, schon gut.«

Und weg sind sie. Sie waschen ihre Hände und fluten dabei Teile des Badezimmers (habe ich bereits erwähnt, dass ich ihnen immer wieder erkläre, dass man seinen Finger NICHT in den Wasserhahn stecken soll, weil …).

»Wieder da!«, rufen sie und ich verteile ein paar Weingummis.

Wenig später klingelt das Telefon. Es ist Marie, meine Freundin, mit dem neuesten Tratsch. »Das ist ja interessant!«, rufe ich begeistert in den Hörer. »Aber weißt du, ich habe mir schon immer gedacht, dass die Monika was mit dem Sportlehrer …«

»Kriegen wir mehr Gummidinger?«, fällt mir Samuel ins Wort.

»Ich rede gerade!«, meckere ich. Er nickt wissend. »Wenn ich fertig bin«, sage ich. »Dass … die … hm?« Was wollte ich sagen? Gummidinger? Sportlehrer? Ah, ja. »Dass die Monika …«

»Was nun?«, fragt Mäxchen, der gerade hereinmarschiert kommt.

»Sie telefoniert«, erklärt ihm Samuel, der neben mir stehen geblieben ist.

»Ich weiß doch, wo sie die Tüte immer versteckt«, erwidert Mäxchen.

»KANN HIER MAL RUHE SEIN!«, kreische ich.

»Okay«, sagen sie und starren mich wie hypnotisierte Kaninchen an.

»Hm, also, die Monika hat …«

»Genau«, unterbricht mich Marie. »Sie ist in den Sportlehrer ihres Sohnes verknallt.«

»Unglaublich«, murmele ich. Vier stark geweitete Pupillen sind auf mich gerichtet.

»Wir sagen gar nichts«, verkündet Mäxchen. Und dann kommt es, wie es immer kommt. Ich verteile Fruchtgummis, damit ich auch mal einen Satz zu Ende bringe. Am nächsten Nachmittag klingelt die Nachbarin.

Ob ich ihre Katze übers Wochenende füttern würde.

»Ja, sicher«, sage ich, »was …«

»WER ISSN DA?«, will Samuel wissen.

»Scht!«, mache ich genervt.

»Oh!«, ruft Mäxchen erfreut. »Frau Schulz! Sollen wir wieder Katze Schnurrig füttern?«

»Das wäre nett«, erwidert Frau Schulz.

Mäxchen lächelt. »Kein Problem«, sagt er charmant, »wir …«
»Natürlich, Frau Schulz«, schalte ich mich wieder ein.
»Darf ich bitte mal ausreden?«, meckert mich Mäxchen an.
Was soll ich dazu sagen? Am besten gar nichts, man würde mich eh nicht aussprechen lassen. Ich könnte genauso gut den ganzen Tag nur herumspringen, Süßigkeiten verteilen und all meine Gespräche auf Mitternacht verlegen. Am Wochenende wird also Kater Schnurrig gefüttert.
»Bitte wascht euch hinterher die Hände«, sage ich den Kindern. »Katzen sind zwar saubere Tiere, aber man …«
»Ja doch«, sagt Samuel.
»Darf ich diesen Satz bitte zu Ende bringen?«, rufe ich wütend.
»Bitte sehr.«
»Wie nett!« Du liebe Güte, bin ich jetzt sauer. »Es ist wirklich unmöglich, dass ihr …«
»Ich habe gar nichts gemacht«, quakt Mäxchen dazwischen.
»Stimmt«, schaltet sich Sanne ein. »Ich habe auch nichts gemacht.«
Ich werde irre. Jetzt sofort und auf der Stelle. »Ihr lasst mich alle nie ausreden!«, rufe ich.
»Un-ge-recht!«
»Gar nicht wahr!«
»Ruhe!« (Das war ich!)
Augenblicklich ist es still. Das bin ich nicht gewohnt.
»Was wolltest du denn sagen?«, fragt mich Samuel sanft.
»Hm«, sage ich. Ich weiß es nicht mehr. Es war etwas, das ich bereits sehr oft gesagt habe. Hatte es was mit in Wasserhähne gesteckten Fingern zu tun? Mit Sportlehrern? Nein, es war um Katzen gegangen und um Hände.
»Wascht eure Hände!«, rufe ich triumphierend.
»Aber das wissen wir doch«, antworten die Kinder gequält.
»Die Bakterien auf euren Händen sind mikroskopisch klein, ihr könnt sie nicht …«
»KRIEGEN WIR WAS SÜSSES?«, posaunt Samuel dazwischen. Und alles geht von vorne los.

33

Ich will auch ein eigenes Zimmer

Meine Kinder haben Kinderzimmer, mein Mann hat sein Büro und macht sich zu Hause sowieso überall breit. Und was hab ich?

»Du hast die Küche«, tröstet mich Samuel, als ich diese Frage stelle.

»Ha!«, entfährt es mir. »Ich bin doch nicht die Köchin!« Alle schweigen betreten, was in mir den Verdacht keimen lässt, dass sie es vielleicht tatsächlich so sehen. Ich bin eine Mama und brauche kein eigenes Zimmer, ich tobe mich in der Küche aus.

»Ich brauche mein Zimmer zum Schularbeitenmachen«, erklärt mir Sanne ernst.

»Und wir brauchen es, um die Brio-Bahn aufbauen zu können«, sagt Samuel.

»Meinst du, es macht mir Spaß, jeden Tag ins Büro zu rennen?«, fragt Robert, der liebste Ehemann.

Vier Augenpaare starren mich voll Unverständnis an.

»Außerdem«, erinnert mich Sanne, »hast du ein Schlafzimmer.«

»Ihr versteht mich nicht«, stöhne ich. »Im Schlafzimmer schnarcht Papa, im Wohnzimmer liegt euer Zeug rum und der Fernseher läuft, in der Küche stapelt sich Geschirr. Ich brauche ein Plätzchen für mich.«

Wieder gucken alle so merkwürdig.

»Jetzt ist sie über vierzig«, flüstert Sanne und tippt sich an die Schläfe.

»Du kriegst von drei bis vier das Wohnzimmer«, schlägt Samuel vor. »Da läuft noch nichts im Fernsehen.«

Am nächsten Tag um drei betrete ich den heiligen Raum, der für die kommenden sechzig Minuten mir allein gehören soll. Eine Tasse Kaffee steht dampfend auf einer ungelesenen Zeitschrift. Und das Sofa erwartet mich mit ausgebreiteten Polstern. Ich setze mich vorsichtig hin. Aus den Kinderzimmern klingt kein Mucks. Tja, man muss seine Wünsche formulieren … Ich trinke einen Schluck Kaffee und sehe mich um. Was liegt denn da unter dem Sessel? Es sieht aus wie ein zerkauter Schuh. Lieber nicht genau hinsehen. Ich werde jetzt nichts aufräumen, mich nicht ärgern. Ich befinde mich in der AUSZEIT. Da biegt Hund Lucky um die Ecke und guckt triefäugig auf die drei Kekse, die ich mir jetzt gönnen werde. »Geh weg«, sage ich freundlich. Lucky springt neben mich aufs Sofa. Ich seufze und teile einen Keks mit ihm.

Es poltert aus dem Kinderzimmer. Eine Tür geht auf, es wird angestrengt geflüstert. »Eine Katastrophe«, höre ich Sanne.

»Wir müssen es ihr sagen«, keucht Mäxchen.

»Was ist los?«, rufe ich genervt. »Brennt das Haus?«

Keine Antwort. Es riecht auch nicht brenzlig. Also versinke ich wieder im Kissen. Lucky hechelt mir feuchtwarm ins Ohr. Ein bisschen beunruhigt bin ich jetzt doch. Was für eine Katastrophe? Für Sanne ist es bereits eine Katastrophe, dass sich Britney Spears mit Paris Hilton angefreundet hat. Und für die Jungs ist es katastrophal, wenn die Batterien ihrer Killer-Dinos schlappmachen. Ruhig Blut. Lucky leckt Kekskrümel vom Sofa und guckt voller Gram. Pah, denke ich bockig, für mich ist es eine Katastrophe, in der Auszeit gestört zu werden. Ich habe noch 44 Minuten für mich. Dann kümmere ich mich um Killer-Dinos und gebe eine Lebensberatung zum Besten, bei der es um wahre Freundschaften gehen wird und um blondierte Haare. Aber jetzt noch nicht!! Lucky legt seinen Kopf auf meinen Schoß und glotzt immer abwechselnd zu mir und auf den letzten Keks.

»Nein!«, sage ich streng. Er fiept verzweifelt und ich bringe es nicht übers Herz, den Keks allein zu essen. Wir teilen. Dann greife ich zur Zeitschrift. »Diese Mode macht schlank«, lese ich.

»Lass sie bloß in Ruhe!«, zischelt jemand hinter der Wohnzimmertür.

Recht so. Man nimmt meine Bedürfnisse ernst. Ob mir so ein sackartiges Kleid stehen würde? Lieber sollte ich keine Kekse mehr essen. In diesem Moment fliegt die Tür auf. Schwer atmend steht Samuel vor mir. »Mäxchen hat Läuse!«, kreischt er. »Sanne auch!«

Entsetzt springe ich auf, untersuche Kinderköpfe, auf denen es munter krabbelt. Den Rest des Nachmittags bringe ich damit zu, Läuse zu morden, Bettwäsche zu wechseln, Anoraks, Schals, Schlafanzüge zu waschen, Kuscheltiere im Eisschrank zu deponieren.

Ob es ein Wink des Himmels sein sollte, frage ich mich am Abend, als ich die Tasse kalten Kaffee vom Sofatisch räume. Dürfen Mütter keine Auszeit für sich beanspruchen?

Doch, dürfen sie, habe ich inzwischen beschlossen. Es muss ja nicht gleich ein ganzes Zimmer sein. Ich habe mir einen Sessel unters Fenster gerückt, eine Palme davorgestellt und genieße dort mein kleines Reich. Ein Schild »Bitte nicht stören« hängt in der Palme und bis auf Lucky halten sich alle daran. Sogar die Läuse!

34

Ich will alles und zwar sofort!

Kennen Sie das? Man will auf einmal viel mehr im Leben und beschließt, sich ab sofort nicht mehr mit wenig abzufinden.

»Man lebt nur einmal.« – »Man gönnt sich ja sonst nichts.« Manchmal werden solche Sätze wichtig.

Wie neulich im Gartencenter, wo ich mir ein paar Geranien für den Balkon besorgen wollte. Es überkam mich vor den Zehnerpaletten mit orangefarbenen Stiefmütterchen. Ich sagte mir: Jetzt aber! Jetzt kaufe ich gleich drei von diesen Paletten und büschelweise Lavendel. Und dann pflanze ich noch eine englische Duftrose in einen Kübel. Wer wird denn immer im Kleinen denken?

»Was soll denn das werden?«, fragte mich Robert, der liebste Ehemann, als er den Stiefmütterchen-Einkaufswagen sah, in den ich gerade eine außerordentlich seltene Schlingpflanzengattung hievte.

»Ich erschaffe mir einen italienischen Garten«, keuchte ich und sah mich suchend nach Lavendel um.

»Wo?«, fragte Robert dümmlich, »in Italien?«

»Auf unserem Balkon«, gab ich unterkühlt zurück.

»Der hat gerade mal drei Quadratmeter.« Robert begann die Stiefmütterchen zu zählen.

»Es sind dreißig«, rief ich ungeduldig. Wie immer wenn ich mit Robert einkaufen gehe (egal WAS es ist), macht er mich nervös, dieser Mann.

»Wo sind eigentlich die Kinder?«, versuchte ich das Thema zu wechseln.

»Der Balkon ist zu klein«, erwiderte Robert.

»Auch auf engem Raum kann man sich ein Gartenparadies schaffen«, zitierte ich auswendig aus einer Gartenzeitschrift. Dort hatte außerdem gestanden: Messen Sie vor Ihrem Einkauf alles genau ab, zeichnen Sie einen Plan, schreiben Sie eine Liste für den Pflanzeneinkauf. Ich und ein Plan? Haha. Ha! Ich bin ein spontaner, kreativer Mensch. Ich lebe mein Leben aus dem Bauch heraus. Daher verschwieg ich Robert diesen langweiligen und überflüssigen Absatz aus der Zeitschrift und wuchtete eine Riesentüte Pflanzerde neben die Stiefmütterchen.

»Kann es sein, dass du nicht gut organisiert bist?«, fragte Robert.

»Kann es sein, dass du mir auf die Nerven gehst?«, zickte ich ihn an. »Kann man hier nicht mal in Ruhe ein paar blöde Stiefmütterchen kaufen?«

Robert sah mich nachdenklich an. »Du kaufst gerade dreißig blöde Stiefmütterchen«, gab er zu bedenken.

»Als ob ich das nicht wüsste!«, rief ich.

»Mama und Papa streiten sich!«, erklang die Stimme von Mäxchen.

»Nicht schon wieder«, maulte Sanne und hielt eine rosa Windmühle in die Höhe. »Können wir die nehmen?«, fragte sie.

»Aber selbstverständlich«, rief ich begeistert. »Wie allerliebst sich diese Farbe zu der Kletterrose machen wird, die ich gleich kaufe.«

Robert stöhnte. »Dann wollen wir auch was aussuchen«, moserten die Jungs. »Sonst ist es ungerecht.«

»Sehr richtig«, sagte ich sanft, endlich fühlte ich mich verstanden. Außerdem fielen mir weitere weise Worte aus der Gartenzeitschrift ein: Ein Garten, ein Balkon … egal was es ist, immer wird es ein Zufluchtsort für die Familie sein. Robert würde das schon noch verstehen, wenn ich mein kleines Gartenwunder erst vollbracht hätte. Im Moment fixierte er feindselig einen Gartenzwerg, den Mäxchen auf die Lavendelbüsche geworfen hatte.

»Zwerge haben mit italienischen Gärten überhaupt nichts zu tun«, sagte mein Ehemann.

»Das ist Fred«, rief Mäxchen außer sich. »Der kommt mit!«

»Und das ist Rinaldo«, erklärte uns Samuel, der ebenfalls eine Zipfelmützengestalt in den Einkaufswagen gleiten ließ.

»Nein«, wimmerte Robert.

»Du darfst dir dafür die Farbe der Rose aussuchen«, versuchte ich ihn zu trösten.

»Ist mir wurscht«, knurrte er und dann ging er in die Fischteichabteilung, um seine Nerven zu beruhigen.

»Gute Idee!«, rief ich, »ein kleiner Teich wäre nett.«

»Meinst du?«, fragte Sanne skeptisch. »Vielleicht solltest du erst mal das alles unterbringen.« (Sie schlägt doch sehr nach ihrem Vater.)

Wieder zu Hause bepflanzte ich die Kästen mit den orangefarbenen Stiefmütterchen. Dazu benötigte ich anderthalb Paletten. Eigentlich sollte ja noch Lavendel dazwischen. Wenigstens Sannes rosa Windrad konnte ich noch zwischen zwei Kästen klemmen. Jetzt noch ein Platz für die Schlingpflanze. Und einen für die übrig gebliebenen 15 Stiefmütterchen. Und einen weiteren für die vier Lavendelbüsche. Und einen für Rinaldo und Fred.

Um es kurz zu machen: Ein deutscher Balkon ist kein italienischer Garten. Die Schlingpflanze habe ich in den Hof gepflanzt, die Gartenzwerge sind ins Kinderzimmer gezogen und wohin ich mit dem Lavendel soll, weiß ich noch nicht. Ich bin bloß froh, dass ich vergessen habe, eine Kletterrose zu kaufen. Das werde ich aber Robert nicht wissen lassen.

35

Wie erziehe ich die Kinder anderer Leute?

Was gehen die mich an, werden Sie fragen. Aber Sie kennen ja auch weder Nils, die Nervensäge, noch Fritz, den Frechen.

Ganz zu schweigen von Ulrich, dem Unverschämten. Aber der darf nicht mehr kommen. Vielleicht ahnen Sie bereits, worauf ich hinauswill? Seine eigenen Kinder kann man anmeckern und ihnen mit Fernsehverboten und anderen Drohungen bestens beikommen. Aber wenn Georg, der Grässliche (sieben Jahre alt), meine Hausschuhe in unserem Klo versenkt …?? Ja, was macht man dann als Mutter der Gastgeber? Man will nicht unhöflich sein. Oder doch? Doch! Eigentlich möchte ich gerade sehr unhöflich sein und Georg, dem Grässlichen, die Löffel lang ziehen. Aber das DARF ich leider nicht.

»Das U-Boot lässt sich nicht versenken«, höre ich Georg rufen und zum vierten Mal die Spülung betätigen. Wie ein Schlachtschiff rausche ich ins Badezimmer und sehe drei kleine Jungs, die mit verzückten Gesichtern ins Klo starren, in dem es munter sprudelt.

Gebannt warten meine Söhne auf eine Reaktion. Auch Georg blickt interessiert zu mir auf. »Seid ihr verrückt?«, rufe ich, nachdem ich mich gefasst habe. Das beeindruckt keinen der Hausschuhversenker. Und sie konzentrieren sich wieder auf die Kloschüssel.

»Das waren sowieso ganz alte Hausschuhe«, tröstet mich Samuel.

»Wo ist der andere?«, rufe ich voller böser Vorahnungen.

»Schon versenkt!«, triumphiert Georg.

»Holt die Hausschuhe wieder raus!«, brülle ich.

»Iiiigiiiittiii«, entsetzen sich drei Jungs, »wir fassen doch nicht ins Klo!«

»Oooh doch!«, rufe ich, »das tut derjenige, der die Hausschuhe dort reingetan hat.«

»Ich nicht!«

»Ich auch nicht!«

»Ich auch nicht!«

Und weiter? Wollen Sie es wirklich wissen? ICH habe ins Klo gegriffen, einen triefenden Hausschuh zutage gefördert, gesehen, wie drei kleine Jungs vor lauter Belustigung schier wahnsinnig geworden sind. Dann habe ich den Klempner angerufen und Samuel, der auf einmal gaaanz doll Pipi musste, zur Nachbarin gebracht. Und dann habe ich eine kleine Meinungsverschiedenheit mit Georg gehabt, der wüst Süßigkeiten einforderte, die ich nicht bereit war, ihm zu geben.

Als Georgs Mutter gemeinsam mit dem Klempner eintraf, wollte Georg nicht gehen und versteckte sich in meinem Kleiderschrank. Der Klempner beförderte den Hausschuh zurück ans Tageslicht und einen ehemals weißen Spitzen-BH. Georg bekam Besuchsverbot. Seitdem funktioniert die Klospülung einwandfrei.

»Darf der Marcel mal kommen?«, werde ich eine Woche später gefragt. Ich stöhne auf. »Marcel ist aber ganz lieb«, setzt sich Samuel für seinen neuen Freund ein, und das finde ich eigentlich sehr nett und sozial.

Am nächsten Tag kommt also Marcel. Er mag nur Mineralwasser ohne Kohlensäure, er hat eine Erdnuss-Allergie und verschmäht die Kekse aus dem Supermarkt. Er heult, weil er den Playmobil-Wikinger so gruselig findet. Er benutzt ausschließlich feuchtes Kindertoilettenpapier. Er … geht mir auf die Nerven. Marcel, »die Memme«, wie ich ihn insgeheim nenne, hält mich den ganzen Nachmittag auf Trab, wenn er auch keinen einzigen Gegenstand im Klo versenkt.

Er hat sowieso viel zu viel Angst vor der lauten Spülung.

»Marcel wünscht sich einen Obstteller«, informiert mich Samuel, als ich mich für eine Minute aufs Sofa gesetzt habe.

»Später«, knurre ich.

»Er ist doch unser Gast«, erinnert mich Samuel, der sich wohl auch ein paar gewaschene Träubchen gut vorstellen kann.

Was soll man dazu sagen? Seinen Gästen muss man die Kohlensäure aus dem Mineralwasser rühren und die Nase putzen. Und den Müttern dieser Gäste muss man versichern, wie nett alles gelaufen ist. Ich halte mich an diese Regeln, deswegen haben wir auch so oft Kinderbesuch.

»Die Mama von Tim ist gar nicht nett. Die meckert immer!«, sagt Mäxchen. Und deswegen kommt Tim (der Terrorvogel) lieber zu uns. Doch auch meine Nerven sind nicht unendlich belastbar.

»Wenn du noch einmal KAKAPUH aus dem geöffneten Fenster rufst, dann kriegst du so RICHTIG Ärger mit mir!«, herrsche ich das Besucher-Kind an.

Tim schaut beeindruckt. Und hält den Mund. Toll. Was »RICHTIG Ärger« bedeutet hätte, weiß ich selbst nicht. Aber das weiß ja Tim nicht. Zufrieden drehe ich mich um. Auch Gäste müssen in ihre Schranken gewiesen werden. »RICHTIG Ärger«! Den Spruch muss ich mir merken.

»PIPIPUI I!«, kreischt es in diesem Moment aus dem Fenster.

Ich muss diese Geschichte jetzt leider mit offenem Ende schließen. Zu diesem Thema fällt mir einfach nichts mehr ein.

36

Wenn die Schwiegermutter kommt ...

Manche Leute geben einem das Gefühl, nicht man selbst zu sein. Wie zum Beispiel Schwiegermütter.

»Morgen um halb vier komme ich vorbei«, hat sie am Telefon gesagt.

»Schön«, habe ich gesagt. »Aber morgen um halb vier hat Sanne ihren Hip-Hop-Kurs und Samuel ist zum Geburtstag eingeladen.«

»Mach dir keine Umstände«, war die Antwort. »Nur eine Tasse Kaffee wäre nett.«

Sie meinen, dass das alles doch durchaus unkompliziert und freundlich klingt? Da irren Sie. Es ist weder das eine noch das andere. Und die so harmlos klingende Bitte um eine Tasse Kaffee ist eigentlich eine fiese Anspielung auf ein Ereignis, das Ewigkeiten zurückliegt. Viele Jahre sogar. Da schneite Schwiegermutter überraschend in die Wohnung und wollte Kaffee trinken. Es war aber keiner da. Das hat sie mir bis heute nicht verziehen.

Am nächsten Tag um drei klingelt es also an der Tür. Eine halbe Stunde zu früh. Trotzdem ist das Wohnzimmer aufgeräumt, die Küche gewischt, sogar die Betten sind gemacht! Bei der Gelegenheit habe ich auch das Buch »Erotische Gute-Nacht-Geschichten« verschwinden lassen. Das hätte mir gerade noch gefehlt. »Der arme Junge«, hätte sie bestimmt gesagt. »Der muss doch auch seinen Schlaf bekommen.« »Der arme Junge« heißt Robert und ist seit vielen Jahren mein liebster Ehemann. Er hat mir dieses Buch geschenkt. Aber all das möchte ich der Schwiegermutter gern ersparen. Und mir erst! Ich öffne die Tür und stelle mich in Positur. Lächeln, ermahne ich mich. Huch, da ist sie ja schon.

»Halli Hallo«, rufe ich sehr ausgelassen.

»Wo sind die Kinder?«, will sie wissen und spaziert ins Wohnzimmer.

»Die machen noch Schularbeiten.« Ihr längerer Vortrag über gute Erziehung wird glücklicherweise unterbrochen vom Klingeln des Telefons. Schwiegermutter verdreht die Augen und läuft wie ein Spürhund an der polnischen Grenze auf und ab. Sie macht mich nervös.

Ich beschließe (entgegen meiner sonstigen Gewohnheit), NICHT ans Telefon zu gehen. Stattdessen scheuche ich die Kinder aus ihren Zimmern. »Begrüßt eure Großmutter«, zische ich.

»Tach«, kichert Samuel, und noch mal lautstark: »Tach, altes Haus«.

Hihi, denke ich. Das hätte ich auch gern gesagt. Die Schwiegermutter meckert ein bisschen rum, Samuel freut sich, Mäxchen auch. Denen ist es ganz egal, was die Leute sagen, Hauptsache, sie bekommen eine Show-Einlage.

»Ich bringe jetzt mal Samuel zur Geburtstagsfeier«, sage ich so sanft ich kann. Natürlich erst, nachdem sie fertig ist mit ihrer Geschichte, wie sie als kleines Mädchen immer in die Besenkammer gesperrt worden ist. Gute Idee, denke ich. Da sperre ich dich gleich wieder hin.

»Und ich gehe zum Hip-Hop«, sagt Sanne.

»Ballett wäre besser für die Körperhaltung«, bemerkt die Schwiegermutter spitz und fährt mit dem Zeigefinger über das Fensterbrett.

»Soll ich dir schon mal einen Kaffee machen?«, frage ich, bevor Sanne die Stereoanlage aufdrehen kann, um ihrer Großmutter das Gegenteil zu beweisen.

»Geht ihr jetzt alle weg?«, fragt sie beleidigt und untersucht ihren Zeigefinger.

»Das habe ich dir doch am Telefon gesagt«, verteidige ich mich.

»Da komme ich zu Besuch und alle verlassen das Haus?«, fragt sie weiter.

»Ich bin ja da«, tröstet Mäxchen.

»Ich bin auch gleich wieder da, ich muss nur die Kinder wegbringen und …«

Da haben wir es wieder, das leidige Schwiegermutter-Problem: Ich stehe in meinem eigenen staubigen Wohnzimmer und rechtfertige mich. »Hm«, macht sie und setzt sich aufs Sofa.

»Geh nur«, flüstert mir Mäxchen zu.

»Ich hab sie voll im Griff.«

Ich lächele ihm dankbar zu. »Wenn du mir wenigstens schon mal ein Tässchen Kaffee kochen würdest, bevor du gehst?«, ruft sie.

»Hab ich dich doch eben gefragt«, gebe ich genervt zurück und eile hastig in die Küche. Ich öffne den Schrank und erstarre: Es ist kein Kaffee mehr da! »Hab die letzte Packung mit ins Büro genommen«, steht auf einem Zettel. Der liebste Ehemann! Der gute Junge! Mir wird heiß und kalt.

SCHWIEGERMUTTER ZU BESUCH – KEIN KAFFEE DA!! In roten Lettern blinkt diese Schlagzeile vor meinen Augen. Ich bin verloren! Was soll ich tun?

Samuel kommt mir zuvor. »Kaffee ist aaalle«, kreischt er begeistert ins Wohnzimmer. Jetzt kommt gleich die Show-Einlage der Sonderklasse. Tatsächlich läuft die Schwiegermutter rötlich an. »Gleich kommst du in die Besenkammer«, freut sich Mäxchen. Und ich muss plötzlich lachen. Die Jungs haben schon Recht: Man sollte das Leben nicht zu ernst nehmen. Und Schwiegermütter schon gar nicht. Denn irgendwann ist man selbst eine.

37

Ich: Dienstleisterin, flexibel und belastbar

Wie bunt ist doch mein Leben, sagte ich mir neulich, als ich im Schuhladen von der Sklaventreiberin zur Sklavin wurde.

Das wollen Sie jetzt sicher gern genauer erklärt bekommen. Im Allgemeinen sieht mein Leben so aus, dass ich andere (Kinder, den liebsten Ehemann) in allen möglichen Lebenslagen antreiben muss. »Los! Hoppi-Galoppi!«, ermuntere ich die Jungs jeden Morgen um halb acht. »Ihr kommt zu spät in die Schule. Habt ihr eure Pausenbrote eingepackt? Zähne geputzt? Nutella aus dem Gesicht gewischt?«

Es wird gemurrt, es wird geknurrt, Pausenbrote bleiben auf dem Küchentisch liegen, uralte Tupperdöschen mit verschimmeltem Inhalt tauchen urplötzlich aus dem Kinderzimmer wieder auf. In Gesichtern klebt nicht nur Nutella von heute Morgen, auch noch ein bisschen Leberwurst von gestern Abend.

Auch meine Tochter muss ich antreiben. »Würdest du BITTE endlich die Musik ausschalten und Schularbeiten machen. Halt! He! Ho! Wieso läufst du an der Mülltüte vorbei? Die muss runtergebracht werden, steh auf, sei still, mach dies, mach das!«

Glauben Sie etwa, dass mir das Spaß macht? Nö, macht es nicht.

Zu guter Letzt noch ein kleines Antreibbeispiel für den liebsten Ehemann: »Robert, mein Lieber, meinst du nicht, du solltest dich mal um die 23 leeren Glasflaschen hinter der Küchentür kümmern? Ach, du hast sie noch gar nicht zur Kenntnis genommen? Na, nun weißt du es ja. Und bei der Gelegenheit wäre es ganz wunderbar, wenn ich dir mal sagen dürfte, dass du dein nasses Handtuch nicht immer auf dem Badezimmerfußboden liegen lassen … WAS? Wenn es mich stört, kann ich es ja selbst wegräumen??«

Verstehen Sie jetzt? Ich bin die antreibende Kraft in unserer Familie und ernte zum Dank viele maulige Bemerkungen, verdrehte Augen und schräge Blicke. So, wie man Sklaventreiberinnen eben anguckt, wenn die keine Peitsche zur Hand haben.

Und jetzt den Sprung zurück zum weiter oben erwähnten Schuhgeschäft. Die Jungs brauchen neue Schuhe. Sie interessieren sich nicht für Schuhe. Dementsprechend wird gemault. »Los, los«, treibe ich sie an. Ich bin ganz in meinem Element, scheuche sie vor mir her, verspreche sogar Eiskugeln für »danach«. Wir erreichen das Schuhgeschäft. In der Kinderecke befindet sich ein Fernseher, in dem gerade »Dumbo, der kleine Elefant« durch die Gegend segelt. Das ist nett gedacht von dem Leiter des Schuhgeschäfts. Er meint wohl, wenn man sich selbst ein Paar neue Pumps zulegen will, kann man das in Ruhe tun, während die Kinder zufrieden fernsehen. Was aber, wenn man Schuhe für die Kinder braucht? Die Jungs lassen sich vor dem Fernseher nieder, klappen die Unterkiefer runter und starren. Dies ist der Moment, in dem ich zur Sklavin werde. Alles Antreiben bringt nichts mehr. Ich werde nicht wahrgenommen.

»Bitte«, flehe ich mit dem Fußmessgerät unter dem Arm. »Stell dich mal hin, Samuel. Ich möchte …, hallo? Kannst du mich hören?« Das Kind fixiert den Bildschirm, kann kaum stehen, so sehr verdreht es den Kopf. Ich hantiere mit Kinderfuß und Messlatte. Dann bringe ich verschiedene Schuhmodelle herbei. »So!«, rufe ich, klatsche in die Hände und erschrecke einen unschuldigen Opa. Meine Söhne starren in den Fernseher, als hätten sie noch nie in ihrem Leben etwas so Außergewöhnliches gesehen wie einen fliegenden Zeichentrickelefanten. Die Sklaventreiberin in mir wagt einen zweiten Versuch. »Aufstehen!«, rufe ich in Feldwebelmanier. Und werde ignoriert. Hilfe suchend sehe ich mich nach einer Verkäuferin um. Da hinten ist eine, sie hält gerade ein glotzendes, kleines Mädchen wie ein hypnotisiertes Kaninchen in die Höhe, damit seine Mutter ihm Sandalen über die schlaff hängenden Füße streifen kann. »Max!«, schreie ich und es klingt wie ein Kanonenschlag. Finde ich.

Er nicht. »Hm?«, macht er freundlich, aber unkonzentriert. Dann kichert er über Dumbos Landemanöver.

Die Sklaventreiberin in mir gibt auf, die Sklavin kauft auf gut Glück zwei Paar Kinderschuhe, bezahlt, schleift die Jungs auf die Straße (Eiskugeln gibt es natürlich trotzdem, ich hab keine Kraft mehr zum Diskutieren. Zu Hause stelle ich fest, dass die Schuhe nicht passen. Also werde ich am nächsten Tag, wenn alle in der Schule sind, wieder in den Laden gehen und die Schuhe umtauschen und jeweils eine Nummer größer nehmen. Man hat ja sonst nichts zu tun.

Zum Trost werde ich mir in aller Ruhe ein Paar todschicke Riemchen-Pumps zulegen. Die habe ich wirklich verdient!

38

Ich liebe meinen kleinen Höllenhund!

Denn er hat das Talent, mich zu einem neuen Menschen zu machen. Dass Hunde so was können, war mir bisher unbekannt …

Bei uns ging dieser Prozess schleichend voran, deswegen habe ich es nicht sofort gemerkt. Aber als Robert am letzten Sonntagvormittag im Bett zu mir sagte: »Rutsch mal rüber, sonst hat Lucky keinen Platz!«, da musste ich kurz mal nachdenken.

Lucky ist unser Hund. Ein wirklich netter Kerl. In Windeseile hat er unsere Herzen erobert. Und Betten.

Lucky bettelt bei Tisch, Lucky kläfft wie irre, wenn jemand an der Haustür vorbeikommt (was täglich ungefähr 35 Mal passiert), Lucky muss zu unmöglichen Uhrzeiten Gassi. Wir lieben Lucky. Aber ich glaube, in Sachen Hundeerziehung haben wir versagt.

Schon bei den Kindern ist es mir nicht gerade leichtgefallen, aber wie erziehe ich einen Hund? Es ist ja auch nicht irgendein Hund, es ist Lucky!

Lucky, der gerade hingebungsvoll meinen Hausschuh zerknabbert. »Pfui!«, kreische ich ihn an. Er hebt nicht einmal den Kopf. Die gleiche Reaktion wie bei den Jungs, wenn ich rufe: »Habt ihr eure Hände gewaschen?« Diese Erkenntnis setzt mir zu. Habe ich in diesem Haus eigentlich irgendetwas oder irgendwen im Griff? Nö, es sieht nicht so aus.

»Lucky! Sitz! Platz! Aus!«, rufe ich spaßeshalber. Es hat ja sowieso alles keinen Sinn. Doch diesmal hebt Lucky (mitsamt zerkautem Birkenstock) den Kopf und wirft mir einen Blick zu, der mir zu denken gibt. »Was denn nu?«, scheint er zu fragen. »Sitz oder Platz?« – »Sitz?«, biete ich ihm schüchtern an. Und ich könnte schwören, dass er missbilligend die Ohren zucken lässt, bevor er sich über die Lederriemen hermacht. »Nein!«, sage ich streng, doch bevor ich fortfahren kann, reißt es Lucky in die Höhe. Jemand hat an der Tür geklingelt. Welch Unverfrorenheit, scheint Lucky zu denken und verschluckt sich vor lauter Gebell beinahe am Hausschuh. »Ruhig«, rufe ich, versuche dabei lauter zu sein als er, was mir nicht gelingt.

Ich kann unmöglich die Tür öffnen, bevor dieser Hund nicht ins Bad gesperrt ist. Sonst fällt er springend und kläffend über den unschuldigen Besucher her. »Moment«, kreische ich in Richtung Tür. »Komm sofort her!«, kreische ich in Richtung Hund. Doch Lucky duckt sich geschickt und schlägt Haken über den Korridor, die zerfressene Latsche hat er fest im Maul stecken. Trotzdem bellt er wie ein Höllenhund. »Aus!«, donnere ich, hechte mich auf ihn, ringe kurz mit ihm (gut, dass er nicht größer ist), verfrachte ihn ins Badezimmer, wo er sich hasserfüllt gegen die Tür wirft und weiterbellt.

Mit zerzaustem Haar und einem mit Hundespucke besabberten linken Latschen in der Hand öffne ich die Tür. Es ist Herr Krause von nebenan. »Diese Werbesendung war an Sie adressiert, steckte aber in meinem Briefkasten«, informiert er mich.

Wie? Das ist alles? Dafür habe ich mich mit Hund am Fußboden gewälzt. »Vielen Dank«, sage ich höflich. »Auf Wiedersehen.«

Ich schließe die Haustür und beeile mich, Lucky zu befreien, der kurz vor einem Infarkt steht. »Wieso regst du dich so auf?«, frage ich ihn. Er winselt, will seinen Kauschuh wiederhaben.

»Gib ihm doch den ollen Schuh«, mischt sich Samuel ein.

»Nein«, sage ich. »Sonst lernt er es nie.«

»Hast du noch Hoffnung?«, fragt Sanne, die den Kühlschrank geöffnet hat und ein Wiener Würstchen mit Lucky teilt.

»Auch Hunde müssen erzogen werden«, sage ich und ernte viele mitleidige Blicke. Lucky trollt sich, schnuppert prüfend an meinen neuen Pumps. »Untersteh dich«, brülle ich ihn an.

»Schrei doch nicht immer so, Mama«, ermahnt mich Mäxchen. »Wer schreit, hat Unrecht.«

»Ha!«, schreie ich gleich weiter. Lucky fiept. Er steht an der Haustür und trippelt nervös auf allen vier Pfoten. »Wer geht Gassi?«, frage ich in die Runde.

»Ich habe Schularbeiten.«

»Ich muss aufs Klo.«

»Ich habe keine Lust.«

So lauten die Antworten meiner Lieben. Lucky starrt mich an, hebt drohend das Hinterbein. »Schon gut«, rufe ich und galoppiere mit ihm die Treppen nach unten. Auf der Straße bepinkelt er ausgiebig drei Laternen, zwei Bäume, vier Hauswände, einen Autoreifen. Beifall heischend blickt er zu mir auf. »Bin ich nicht toll?«, steht in seinem nougatbraunen Hundeblick geschrieben.

»Ja, bist du«, sage ich. Er wedelt mit dem Schwanz. Dann macht er »Sitz« und »Platz«, immer abwechselnd, um mich zu erfreuen. Und leckt mir leidenschaftlich die Hand.

»Bist du wirklich«, flüstere ich, und dann sind ein unerzogener, charmanter Hund und sein verknalltes Frauchen nach Hause gegangen.

39

Die kleinen Jungs von der Zeitansage

Begeisterung ist etwas Schönes. Doch manchmal führt sie dazu, dass man sehr früh geweckt wird …

Auch ich freue mich öfter. Wie neulich, als ich im Ausverkauf ein besonders schönes Paar Schuhe gefunden hatte. Aber das kann mit der Freude meiner Kinder nicht mithalten.

»Juchuu«, jubeln sie ausgelassen am Frühstückstisch. »Es gibt wieder Nutella!« – »Juppie!«, freuen sie sich gleich weiter. »Der Mathelehrer ist immer noch krank!«

Der Gipfel lang anhaltender Begeisterung war letztens ein kleines Geschenk, das ich ihnen gemacht hatte: zwei Armbanduhren. Damit würde ich endlosen Fragen entgehen: »Mama, wie spät ist es? Mama, wie lange dauert es noch bis übermorgen? Mama, wie spät ist es jetzt?« Ich dachte, ich hätte mir ein bisschen Ruhe erkauft. Natürlich habe ich mich geirrt.

»Wenn der große Zeiger auf der zwölf ist, beginnt eine neue Stunde«, erkläre ich meinen wissbegierigen kleinen Jungs, die mit leuchtenden Augen auf ihre Handgelenke starren. Wie süß sie sind. Ihre ersten Uhren. Ich sollte ein Foto machen.

»Wieso auf der zwölf?«, fragt Mäxchen skeptisch.

»Weil es zwölf Uhrzeiten gibt, Eierkopp!«, meckert ihn sein großer Bruder an.

»Das ist nicht ganz richtig«, widerspreche ich und gebe die Idee mit dem Erinnerungsfoto schnell wieder auf.

»Wieso nicht auf der elf?«, beharrt Mäxchen.

»Weil es so ist«, gebe ich etwas ungeduldig zurück und drehe wild an den Zeigern. »Seht mal, jetzt ist es vier Uhr und jetzt halb fünf und jetzt …«

»Schon halb fünf?«, kreischt Samuel entsetzt. »Jetzt gibt es Wickie und die starken Männer!«

»Es war doch nur ein Beispiel«, rufe ich. »Seht mal, das ist eine halbe Stunde und das ist eine Viertelstunde.«

Sie nicken andächtig.

»Und wie spät ist es jetzt?«, frage ich.

»Zehn vor sieben?«

»Viertel nach neun?«

»Dreiviertel Pups!«

Große Belustigung. »Wenn ihr zu klein für eine Uhr seid, dann gebe ich sie euch erst in einem Jahr wieder!«, meckere ich.

So geht es noch eine Weile hin und her, und jetzt komme ich wieder auf das Thema »Freude« zu sprechen.

»Mama«, sagt Samuel, »weißt du, wie spät es ist?«

»Nein«, wispere ich schwach, denn es ist Sonntagmorgen und es dämmert gerade.

»Es ist halb sechs«, erklärt mir Samuel, »ist das nicht toll?«

»Toll«, murmele ich. »Lass mich jetzt noch genau dreieinhalb Stunden schlafen.«

»Um genau zu sein, ist es fünf Minuten nach halb sechs«, höre ich die beglückte Stimme meines Sohnes wenig später wieder. Ich antworte nicht. »Soll ich dich nun um fünf Minuten nach neun wecken oder um Punkt neun?«

»Wieso neun?«, quakt Max dazwischen. »Um zehn!«

»Wie viel macht denn, bitte schön, halb sechs plus dreieinhalb?«, posaunt Samuel.

»Keine Ahnung«, gibt Mäxchen zurück. »Aber Mama will sonntags immer bis um zehn Uhr schlafen.«

»Kann hier mal Ruhe sein?«, rufe ich wütend. Die Jungs flüchten, ich schlafe wieder ein.

Bis mich eine konzentrierte Stimme informiert: »Es ist gleich sieben Uhr, aber Samuel sagt, es wäre schon acht, aber der hat auch an den Zeigern gedreht.«

Ich gebe auf, hieve mich aus dem Bett, koche Kaffee und gebe eine kleine Nachhilfestunde im Uhrenlesen. Nein, man dreht nicht an den Zeigern herum – nein, es ist nicht nett, seine Mama so früh zu wecken – ja, es ist tatsächlich erst sieben Uhr, sechzehn Minuten und fünf Sekunden.

»Mama, willst du mal wissen, wie spät es jetzt ist?«

»Ja, ungemein gern.«

»Es ist sieben Uhr, sechzehn Minuten und zehn Sekunden.«

»Was du nicht sagst«, gähne ich.

»Ist es nicht!«, erbost sich Samuel. »Es ist neun Uhr, sechzehn Minuten und zwanzig Sekunden!«

»Der Eierkopp hat wieder an den Zeigern gedreht!«, kreischt Mäxchen empört.

»Gar nicht!«

»Ihr dreht NICHT an den Zeigern und ihr sagt NICHT Eierkopp zueinander!«, rufe ich und werfe begehrliche Blicke auf die Kaffeemaschine, die sich noch nicht ganz ausgetropft hat.

Hier stehe ich am Sonntagmorgen um sieben? Um acht? Um neun? Ich weiß es selbst nicht genau und bin müde.

»Mama, weißt du, wie spät es ist?«, fragt mich Samuel mit strahlendem Gesicht.

»Nein«, antworte ich wahrheitsgemäß. »Aber du wirst es mir gleich sagen.«

»Nein, ich!«, meckert Mäxchen. »Ich habe sie zuerst gefragt!«

»Geht mal ein bisschen spielen«, sage ich matt. »Und in einer halben Stunde kommt ihr wieder, ja?«

Begeistert stürzen sie hinaus, beide den Blick fest auf ihre Handgelenke gerichtet. »Tolles Geschenk«, höre ich sie noch rufen. Und ich kann sicher sein, dass ich in der nächsten Zeit immer ganz genau wissen werde, wie spät es gerade ist. Ob ich will oder nicht.

40

Wie wirke ich aufs andere Geschlecht?

In den letzten Jahren habe ich mir diese Frage gar nicht mehr gestellt. Doch neulich kam es wieder dazu …

Auf einmal war sie da: Komme ich noch gut an? Oder ist eine Frau von vierzig nicht mehr wahrnehmbar? Nachdenklich stand ich vor dem Spiegel. Das klassische »Supermama in action«-Outfit hing an mir herunter. Jeans, T-Shirt, Flachschuh. Haare? Köterbraun.

Make-up? Nicht wirklich.

Figur? Na ja …

Ich seufzte. Sanne stellte sich neben mich, was meinem Spiegelbild nicht gerade guttat.

»Mama«, sagte sie mit fester Stimme, »du brauchst mehr Drrrama-Drrrama-Drrrrama!«

»Seit wann rollst du das R so amerikanisch?«, fragte ich sie irritiert und strich mir eine schnittlauchglatte Haarsträhne hinters ungeschmückte Ohr.

Sie lächelte vielsagend. Irgendwie hatte sie ja Recht. Nur hatte ich gerade keine Zeit mehr für Drrrama, denn ich musste jetzt dringend in den Supermarkt. Auch nicht gerade glamourös. Aber notwendig, denn es gab weder Klopapier noch Leberwurst im Haus.

Im Stechschritt marschierte ich durch die Reihen, schmiss Konserven und Spülbürsten (Sonderangebot im Dreierpack!) in den Wagen und stellte mich dann an der Wursttheke an. Gleich würde ich herausbekommen, wie viel »natürliches

Drama« so in mir steckte. Oder ob ich mich vor lauter »Supermama«-Dasein bereits in Luft aufgelöst hatte.

»Sie wünschen?«, fragte der junge Verkäufer. Erster Punkt an mich, ich war also noch zu sehen.

»Hundertfünfzig Gramm Teewurst«, säuselte ich und sah meinem Gegenüber fest in die Augen. Der senkte seinen Blick sofort (HA!) und nestelte an der Wurst herum. »Und vier Knackwürste!«, rief ich erfreut.

»Mit Majoran?«, fragte er zurück.

Besonders mitgenommen schien er nicht zu sein. »Ja«, flötete ich. »Oder nein?« Ich kicherte. »Haha, ich weiß es einfach nicht. Was würden Sie empfehlen?«

»Dass Sie hinnemachen«, lautete die höchst uncharmante Antwort. Und da ließ ich ihn mitsamt den Knackwürsten stehen und beschloss, ein wenig mehr »Drrrama« in mein Leben zu bringen.

Also her mit dem kurzen Rock, den Absätzen, dem Lippenstift und den sonnigen Strähnchen.

»Und jetzt musst du ein bisschen langsamer gehen, Mama«, riet mir Sanne. Stechschritt und Absatz passen nicht gut zusammen. »Sieh mal, so«, sagte sie und stakste wie ein Storch durch den Salat.

»Siehst du mich so über den Parkplatz von Aldi laufen?«, fragte ich sie.

»Hm«, gab sie zu. »Aber die Strähnchen sind klasse!«

Kurz darauf ging ich betont langsam (ich konnte nicht anders) mit leichtem Hüftschwung über die Straße. Die Sonne schien, mein Haar und meine Lippen schimmerten miteinander um die Wette. Ein gutes Gefühl. Da kam mir ein gut aussehender Mann entgegen, eine Art deutscher George Clooney. Er lächelte. Panik stieg in mir auf. Was sollte ich tun? Zurücklächeln? Hilfe! Ich bin doch gar nicht so eine. Es sollte doch nur ein Experiment sein. George kam näher, sah mir in die Augen. UUUUuuurrrgh!! Was tun?? In diesem Moment stolperte ich.

»Sie haben es wohl eilig?«, sagte er mit einer fantastischen Stimme und fing mich auf.

»Ah, hm, äh«, antwortete ich aufs Originellste.

»Hätten Sie trotzdem Zeit, einen Kaffee mit mir zu trinken?«

»Leider nein«, gab ich zurück und fühlte, wie ich zu allem Überfluss rot wie eine Tomate wurde. »Ich muss dringend zur Internationalen Designkonferenz!« (Gut, was? Fiel mir gerade so ein.)

George guckte traurig. Dann sagte er: »Sehr schade. Ich hätte Ihre bezaubernde Gesellschaft gern etwas länger genossen!«

Boooaah, dachte ich. Was so ein bisschen Lippenstift und schicke Schuhe ausmachen können. Freudig erregt stöckelte ich Hüften schwingend von dannen. Nicht zur Internationalen Designkonferenz, sondern zum Supermarkt, um Knackwürste mit Majoran zu kaufen.

Mein Experiment ist aufgegangen: Auch der mürrische Würstel-Verkäufer vom Vortag war auf einmal richtig überschwänglich.

Ich habe Robert, dem liebsten Ehemann, davon natürlich nichts erzählt, aber an diesem Abend gab es keine Würstchen zum Essen. Robert hat mich spontan ins Restaurant ausgeführt.

Ein paar Highlights auf dem Scheitel setzen durchaus auch Lichtpunkte auf das Gemüt. Und wer sich gut fühlt, ist einfach SEXY. Wann bringen Sie ein bisschen Drrrama in Ihr Leben?

41

Gut organisiert durchs ganze Leben

Beschreibt das Sie? Mich leider nicht: Je mehr ich versuche zu organisieren, desto schiefer läuft es.

Am Abend lege ich die Kleidung meiner Kinder raus. Damit es am Morgen zügig vorangeht. Das ist doch schlau. Wer rechnet aber damit, dass meine Söhne bereits sehr genaue Vorstellungen davon haben, was sie anziehen wollen und was nicht?

»Ein Pullover mit einem Bagger vorn drauf?«, schimpft Samuel. »Ich bin doch kein Baby mehr!«

»Zieh ihn an, wir müssen gleich los«, gebe ich zurück und zerbreche mir den Kopf darüber, mit welcher Flüssigkeit außer Milch man Cornflakes noch essen könnte, denn aus mir unerklärlichen Gründen ist die Milch alle. Obwohl ich gestern extra losgezogen bin, um welche zu kaufen. Stattdessen habe ich mich mit Zahnbürsten und Erdbeeren eingedeckt und die Milch vergessen.

»Wo ist meine Glitzerjeans?«, fragt Sanne verschlafen.

»Die hängt nass auf der Leine.«

»Ich will aber meine Glitzerjeans!«

»Und ich will keinen Bagger-Pulli!«

»Und ich will Milch und Cornflakes!« (Das war Mäxchen, falls Sie die Übersicht verloren haben.) So ging es los an dem Morgen, an dem ich beschloss, ein gut organisierter Mensch zu werden. Als ich noch hoffte, Organisationstalent sei erlernbar, hätte nichts mit Genen zu tun.

Also schrieb ich eine Einkaufsliste, die ich dann feierlich in den Supermarkt trug, um nur das einzukaufen, was auch daraufstand, z. B. MILCH.

Auf dem Weg zum Kühlregal blieb ich an einem außergewöhnlich interessanten Sonderangebot hängen: einem Gewürz-Rad für die Küchenwand. Und dann musste ich – das werden Sie verstehen – dringend Gewürze kaufen. Denn was ist ein Gewürz-Rad ohne Gewürze? Ich schob also weiter, kaufte Majoran, Kurkuma, Curry und war sehr zufrieden. Irgendwie muss mir bei diesem Manöver allerdings die Liste abhanden gekommen sein. MILCH hatte daraufgestanden. Gut Organisierte haben meist auch ein gutes Gedächtnis. Also auf zur Milch. In diesem Moment traf ich meine Nachbarin, und in ihrem Wagen leuchteten die Bananen so gelb und die Äpfel so rot, und ich wollte auch welche haben und … Bin dann irgendwann mit viel Obst und Gewürzen nach Hause gekommen. Ohne Milch.

»Was is'n das?«, fragt Sanne.

»Ein Gewürz-Rad«, antworte ich stolz.

»Aha«, gibt sie trocken zurück. »Kann ich eine Tasse Kakao trinken?«

»Du könntest eine feine Banane essen«, weiche ich aus. »Ich streu dir auch ein bisschen Curry darauf.«

Sanne macht schmale Augen. »Du hast die Milch schon wieder vergessen«, sagt sie.

»Herrgott!«, rufe ich. »Ich kann ja nicht an alles denken!«

Und dann flüchte ich beleidigt ins Bad, um mir die Fingernägel zu lackieren. Heute Abend will ich nämlich mit dem liebsten Ehemann ausgehen.

Und da ich gut organisiert bin (oder immer noch glaube, es theoretisch sein zu können), halte ich es für sinnvoll, das jetzt schon zu erledigen.

Kaum leuchten meine Nägel in dunklem Kirschrot, biegt Mäxchen um die Kurve. »Kannst du mir mal den Hosenknopf aufmachen?«, kräht er in höchster Not. »Ich muss mal.«

»Frag deinen Bruder«, antworte ich und puste hektisch auf meine Hände.

»Den lasse ich nicht, der hat gesagt, ich bin ein Furzgesicht.«

»Und ich kann nicht«, sage ich. »Frag Sanne!«

»Mamaaaaaaaaa!«, ruft das Kind panisch und trippelt auf der Stelle.

Organisation hin oder her: Ich habe mir den Lack ruiniert, damit mein Sohn sich nicht in die Hose macht.

Wenn man mich aber auch nicht in Ruhe organisieren lässt! Was kann ich denn dafür, wenn laufend Hosenknöpfe zu öffnen und Gewürz-Räder im Sonderangebot sind! Und dass der Nagellackentferner alle ist.

Ich eile zur Nachbarin, borge mir Nagellackentferner und Milch, ignoriere ihren leicht amüsierten Blick und bereite in Windeseile ein Abendessen zu. Nebenher hantiere ich mit Wattebäuschen und Aceton, ziehe mich um, schminke mich, sprühe mir versehentlich Haarspray in die Achselhöhle und bin schließlich – sehr außer Atem – aber FERTIG! Eine Glanzleistung. So etwas schaffen nur Leute, die gut organisiert sind. Leute wie ich.

Da kommt Robert nach Hause. Perfektes Timing! »Was ist mit deinen Händen passiert?«, fragt er. Kirschrot ist nicht so leicht loszuwerden.

»Gehen wir?«, frage ich zurück.

»Wohin?«

»Wir sind verabredet«, erinnere ich ihn und lächele ein bisschen überlegen, so wie die Nachbarin vorhin.

»Morgen sind wir verabredet«, widerspricht Robert.

Ich habe den Rest des Abends damit zugebracht, das Gewürz-Rad zu befüllen und eine Einkaufsliste für morgen zu schreiben. Und dann habe ich den Kindern die Kleidung herausgelegt. Man soll die Hoffnung nie aufgeben.

42

»Höflichkeit ist eine Zier ...«

Sagte Oma immer, und ich fand das ganz schön nervig. Inzwischen sage ich es. Und alle finden mich nervig.

»Maaann, Mamaaa«, nöhlen die Jungs, wenn ich sie bitte, mit geschlossenem Mund zu kauen.

»Was Hänschen nicht lernt, lernt Hans nimmermehr«, quillt es altklug aus meinem Mund (übrigens auch von meiner Oma). Aber so altbacken es klingt, irgendwas ist dran. Ich neige immer noch dazu, an meinen Haarspitzen zu kauen und unsympathische Mitmenschen nicht zu grüßen, nur weil man es mir als Kind nicht ausgetrieben hat. Von meiner ungesunden Neigung zu Pfefferminzbruch und Geleebananen ganz zu schweigen, aber das hat ja auch eher mit Gesundheit und Kalorien zu tun als mit Höflichkeit.

Zurück zum Thema: »Wenn ihr nicht sofort still seid, hau ich euch beiden auf die Eierbirnen!« Dies ist der liebliche Wortlaut meiner Tochter Sanne, die gerade über den Flur kreischt. Gemeint sind (glaube ich) ihre Brüder.

Zwei Sekunden später brüllen sie zurück: »Bloööde Kuuuh, sei doch selber ruhig!«

Wo habe ich versagt? Warum drohen sie sich Gewalt und Vergeltung an? Wo ich doch immer so bemüht gewesen bin? »Spinnt ihr alle?«, schalte ich mich ein. Vielleicht auch nicht besonders gut erzogen?

»Ich muss Schularbeiten machen und die beiden stressen mich«, beklagt sich Sanne. Dann schmeißt sie ihre Zimmertür zu. KRACH! Die Jungs schmeißen ihre Zimmertür auch zu und zwar zweimal, weil beide es tun wollen. KRACH, KRACH!! Und ich stehe im Flur und knabbere genervt an meinen Haarspitzen.

Beim Abendessen reden wir darüber wie kultivierte Menschen. »Wenn euch etwas stört, müsst ihr es ruhig formulieren«, sage ich und zerschneide hoch konzentriert ein Radieschen. Erziehung ist Hochleistungsarbeit. Betreten blicken die Kinder auf ihre Teller. »Wenn ihr nicht höflich seid, kommt ihr nicht weit im Leben«, fahre ich salbungsvoll fort.

»Reichst du mir bitte mal die Butter«, piepst Sanne. »Aber gern, liebe Schwester.«

Samuel gibt ihr das Gewünschte. Da! Ein winziges Früchtchen reift am knorrigen Erziehungsbaum, den ich schon so lange gieße. Ich bin glücklich! »Seht ihr«, sage ich lächelnd. »Es tut doch gar nicht weh.«

»Na ja«, erwidert Sanne und schabt mit ihrem leberwurstbeschmierten Messer in der Butter.

»Das ist nicht schön, Sannelein«, sage ich so freundlich ich kann, und denke: Puh, Höflichsein ist aber anstrengend. »Bitte benutze das Buttermesser.«

»Wieso? Die anderen essen doch auch Leberwurst«, gibt Sanne zurück.

»Ich nicht!«, protestiert Mäxchen.

»Mach doch mal hinne, Mensch«, ruft nun auch Samuel.

»Man hinterlässt die Dinge so, wie man sie vorzufinden wünscht«, sage ich matt.

»Haha!«, freut sich Mäxchen. »Das steht auch immer in den Toiletten!«

Großes Gekicher am Tisch.

»Es gilt für alle Bereiche, die wir im täglichen Leben mit anderen teilen«, gebe ich zu bedenken und würde am liebsten rufen: »Seid jetzt alle still und esst, sonst hau ich euch auf die Eierbirnen!«

»Darum hast du Papa neulich auch so angemeckert«, erinnerte sich Sanne. »Als er im Badezimmer das Handtuch auf dem Boden liegen gelassen hat und die Zahnpastaspritzer nicht vom Spiegel gewischt hat und …«

»Genau«, unterbreche ich sie. »Und jetzt mach hinne mit der verdammten Butter!«

»Und dann hast du Papa gesagt, er sei ein unordentlicher, fauler Blödian!«, gibt Samuel zu bedenken.

»Hab ich das?«, frage ich betroffen und starre auf das zerhackte Radieschen auf meinem Teller.

»Ja!«, bestätigt Mäxchen, »und dann hast du noch gesagt, dass er …«

»Ist ja schon gut!«, rufe ich.

Sanne grinst. »Ich denke, wenn einen etwas stört, soll man es immer ruhig und höflich formulieren?«

»Das Problem dabei ist«, gebe ich zurück, »dass das nicht immer funktioniert.«

»Manchmal muss man brüllen und unhöflich sein?«, fragt Samuel begeistert.

»Na ja«, weiche ich aus und denke: Wenn es um Zahnpastaspritzer und abwaschunwillige Ehemänner geht, dann schon.

»Im Allgemeinen ist es schon so«, sage ich. Sanne hantiert mit dem Leberwurstmesser im Frühlingsquark herum. Samuel sticht seine Gabel in die Salatschüssel, Mäxchen lacht mit offenem Mund und ich kaue an meinen Haaren. Dann haue ich auf den Tisch und rufe: »Ruhe jetzt! Verdammt! Hol endlich einer das Buttermesser! Mund zu, leise kauen!«

»War das jetzt höflich?«, fragt Sanne.

»Wenigstens ist sie wieder ganz die Alte«, ruft Samuel erleichtert.

Was soll ich davon halten?

»Höflichkeit ist eine Zier«, sage ich, um das letzte Wort zu haben. Vielleicht verstehen sie in dreißig Jahren, was ich damit sagen wollte.

43

Immer Hunger! Hunger! Hungäär!

Wachstumsphase hin oder her: Wenn meine Jungs weiter so viel essen, werden sie zu Dinosauriern heranwachsen.

Die Geschichte vom Suppenkaspar würde ich glatt für eine Lüge halten, wenn nicht meine Tochter Sanne eine wahre Mäkel-Liese wäre. »Was ist denn das?«, fragt sie mit langem Gesicht und sticht voller Verachtung in einen gedünsteten Selleriestängel.

»Gemüse«, sage ich knapp.

»Puhääää«, nölt sie. Und so war sie schon immer.

Die Jungs sind ganz anders. »Hunger!«, begrüßen sie mich, wenn ich sie von der Schule abhole.

»Ich bin nicht der Hunger«, korrigiere ich sie und finde mich lustig. »Ich bin die Mama.«

»Trotzdem Hunger«, knurrt Mäxchen humorlos. »Kaufst du uns ein Würstchen beim Fleischer?«

»Es gibt gleich Mittagessen zu Hause«, widerspreche ich.

»Das schaffe ich nicht«, erklärt mir Samuel.

»Hast du dein Pausenbrot nicht gegessen?«, frage ich.

»Doch. Und das vom Robert auch, weil der keinen Käse mag. Und das von Sandra auch, weil die keinen Hunger mehr hatte und …«

»Du hast drei Brote gegessen und hast schon wieder Hunger?«

Es wird qualvoll genickt. Ob sie einen Bandwurm haben? Oder zwei oder drei? Im Stechschritt eilen wir nach Hause.

Kurz darauf gibt es ein üppiges Mahl. Nur Sanne kritisiert die fehlende Bissfestigkeit der Spaghetti.

»Finde sie gerade richtig«, schmatzt Mäxchen mit vollem, rot verschmiertem Mund und häuft sich die dritte Portion auf den Teller.

Dann gibt es Nachtisch, und alle müssten satt sein. Doch was für ein trügerisches Glück.

Dreißig Minuten vergehen.

»Können wir was essen?«, hallt es im Dreier-Chor an mein Ohr.

»Nein«, sage ich. »Es hat gerade Mittag gegeben.«

»Mir hat es aber nicht geschmeckt«, erklärt Sanne mit verbitterter Miene. »Die Soße war zu sauer und die Nudeln waren zu hart.«

»Und ich bin nicht satt geworden«, klärt mich Samuel auf.

»Und ich sowieso nicht!« Das war Mäxchen.

»Esst Obst«, sage ich.

Wenig später ist die Obstschale leer.

»Die Banane ist matschig«, sagt Sanne.

»Wenn du Hunger hast, isst du sie trotzdem«, gebe ich zurück.

»Dürfen wir wenigstens Nutella draufmachen?«

»Nein!«, rufe ich genervt. »Ihr dürft jetzt mal eure Schularbeiten machen!«

Alles murrt, alles knurrt (bestimmt sind es die Mägen meiner vernachlässigten Kinder). »Wann gibt es Abendbrooot?«, ruft Samuel nach einer weiteren halben Stunde.

»Heute Abend«, antworte ich originell.

»Dürfen wir ein Eiiis?«

»Nein!«

»Kekse?«

»Nein!«

»Chips?«

»Nein!«

»Kuchen?«

»Nein!«

»Nein!«

»Hab doch gar nichts mehr gefragt«, sagt Samuel.

»Komm«, flüstert Mäxchen. »Die gibt uns doch nichts zu essen.«

Wie das klingt! Und dann fällt mir der Satz ein. »Kinder, die wachsen, haben einen großen Appetit.« Meine armen, armen Kinder. Sie sind doch so dünn wie Heringe und immer in Bewegung (und immer im Wachstum). Wie grausam ich bin. Schnell koche ich Milchreis und gieße Sahne hinein. Das ist doch sehr nahrhaft für die lieben Kleinen.

»Iiih!«, ruft Sanne wenig später. »Da ist ja Haut drauf.«

»Die will ich!«

»Nein, ich!«

Die Jungs vertilgen Milchreis mitsamt Haut, hinterher Haselnüsse, Paprikaschoten, Erdbeerjoghurt.

Wo futtern sie das alles hin? »Und jetzt gehen wir Fußball spielen«, sagen sie, offensichtlich endlich gesättigt.

Eine Stunde lang ist niemand zu sehen und zu hören. Und dann geht alles von vorne los: »Hunger, Hungääär!«, wird gerufen, Sanne beäugt misstrauisch den Gurkensalat (»Ist da etwa DILL drin?«), die Jungs kauen Wurstbrote.

So wird es wohl viele Jahre weitergehen, bis die Jungs ihre voraussichtliche Körpergröße von zwei Metern sechzig erreicht haben.

»Bäääh! Das ist ja wirklich Dill, E-KEL-HAFT!«, unterbricht Sanne meinen Gedankengang und knabbert vorwurfsvoll an einem Knäckebrot: »Sesam finde ich übrigens auch ziemlich ätzend! Und das nächste Mal bitte keinen Zimt mehr an den Milchreis.«

Falls Sie zu Hause nur Mäkel-Liesen und Suppenkaspars zu sitzen haben, trösten Sie sich: Die werden auch groß, irgendwann.

44

Endlich bin ich so richtig sportlich.

Denn ich bin jetzt Mitglied in einem Fitness-Club. Schon dieses Wissen steigert mein Wohlgefühl sehr.

»So eine Mitgliedschaft muss gut vorbereitet sein. Man kann sich ja nicht einfach im Schlabber-T-Shirt auf das nächste Gerät stürzen. Also ... ich kann das nicht, denn ich bin jemand, der ...«

»... um keine Ausrede verlegen ist«, unterbricht mich meine Freundin Kathrin.

Kathrin hat in meinen Augen ein psychologisches Problem: Sie joggt dreimal in der Woche, sie geht regelmäßig ins Fitness-Studio und sie isst grundsätzlich keine Schokolade. So was ist nicht normal. Kathrin hat mich »überzeugt«, endlich Sport zu treiben. In feschem rosa Sportdress (dem von Madonna nicht unähnlich) stehe ich vor einem Trimm-Rad. »Rauf mit dir und 15 Minuten geradelt!«, befiehlt Kathrin, und in ihren Augen glimmt ein irres Licht, so wie bei Marathonläufern und Kettensägenmördern.

»Kein Problem«, sage ich und versuche, möglichst sportlich in den Sattel zu kommen. Sobald Kathrin verschwunden ist, schalte ich den Schwierigkeitsgrad von vier auf eins. Langweilig ist das. Nach drei Minuten ist mir übel. Kein Wunder: Kathrin und ich verbrennen gerade Kalorien wie verrückt. Mein Körper hat keine Reserven mehr. Nach einer weiteren Minute lasse ich mich hechelnd vom Rad fallen. Mmh, lecker, es gibt einen Getränkeautomaten mit verschiedenen Fitness-Drinks. Ich hole mir einen Maracujasaft und schlendere zu einer Tafel, auf der

die angebotenen Kurse stehen. Toll! Bauchtanz dienstags um neun, Yoga donnerstags um siebzehn Uhr. Ich schreibe mich ein. Zwischendurch nehme ich kleine Maracujaschlucke und bin sehr zufrieden mit mir. Wie leicht es ist, seine Lebensgewohnheiten zu ändern. Man muss nur wollen. »Fit-Kick-Boxen«, lese ich. Ha! Da muss ich auch hin. Gleich nach meinem Bauchtanzkurs. Ich spaziere weiter, beäuge ein Gerät, das für die Muskulatur der Innenschenkel zuständig sein soll. Wie? Da gibt es auch Muskeln? Schnell gehe ich weiter. Auf dem Rudergerät sitzt eine Frau mit geröteten Wangen und grüßt mich. Wie nett hier alle sind. Ich fühle mich im Kreise all dieser Sportlerinnen aufgenommen. Ob ich den Waldmeister-Energy-Drink mal ausprobieren sollte? Der sah so vital aus. Wenig später nippe ich an der grünen Flüssigkeit. Lecker. Was nun? Sollte ich noch mal aufs Trimm-Rad steigen? Das ist nun besetzt. Da kann ich auch nichts für.

»Tanja!«, ruft Kathrin und kommt schwitzend auf mich zu. »Was stehst du da rum? Wie war das Radfahren?«

»Easy«, sage ich lässig. War es ja auch.

»Dann kannst du jetzt aufs Laufband.«

»Ach, lass mal«, antworte ich. »Ich werde ab morgen sowieso regelmäßig joggen.«

Bewundernd starrte mich Kathrin an. »Dann machst du jetzt Po-Übungen«, entscheidet sie und schnallt mir eine schwarze Manschette um das Fußgelenk. »Los! Nach hinten mit dem Bein, 20-mal!«, ruft sie, und in ihren Augen glitzert es schon wieder so gruselig.

Ich stemme das Bein nach hinten, verschütte dabei jede Menge Waldmeister. »Nimm den Becher aus der Hand!«, schreit Kathrin. Wieder fliegt mein Bein nach hinten, im Rücken knackt es. Das kann doch nicht gesund sein! Ich verspüre einen unangenehmen Druck im Unterleib. Bestimmt zerquetsche ich mir gerade die Gebärmutter. »Drei!«, zählt Kathrin.

Der Druck nimmt zu. Ich halte es nicht mehr aus und kralle mich an Kathrin fest. »Was ist los?«, fragt sie.

»Ich muss mal Pipi«, flüstere ich, denn es ist wohl meine

Blase, die gleich platzt, und nicht meine Gebärmutter. Seufzend schnallt mich Kathrin ab.

»Beeil dich«, sagt sie.

»Klar!«, verspreche ich und eile erleichtert davon. Auf dem Rückweg treffe ich meine Nachbarin.

»Toller Sportdress«, sagt sie, »steht dir gut.« Und dann kommen wir ein bisschen ins Quatschen: über die Vor- und Nachteile von Rosa, über den völlig übertriebenen Körperkult, den Madonna treibt, über den Jugendwahn der Amerikaner. Ein wirklich interessantes Gespräch.

Bis Kathrin auf einmal hinter mir steht. »Ich warte auf dich!«, meckert sie.

»Ach, weißt du«, sage ich und klopfe ihr auf den sehr harten Oberarm. »Ich mache Schluss für heute.« Und dann habe ich mir noch den Super-Eiweiß-Muskel-Schock gegönnt (lecker mit Quark und Honig) und bin nach Hause gegangen. Ich wäre auch gejoggt, aber mit dem Becher in der Hand ging das schlecht. Morgen habe ich also meinen ersten Bauchtanzkurz und gleich anschließend Fit-Kick-Boxen.

Aber ich glaube, ich habe mir das Bein ein bisschen gezerrt und sollte mir noch etwas Aufschub gewähren …

45

Kleine Jungs sind ja so eitel ...

Mädchen sind eitel und lieben Rosa, Jungs finden Rosa doof und wie sie aussehen, ist ihnen egal? Dachte ich mal.

Und ich habe mich geirrt. Wie ich mich überhaupt mein halbes Leben lang geirrt habe: z. B. als ich dachte, wenn man Kindern nur genau erklärt, wie gesund Kohl ist, dann essen sie ihn auch. Oder einwandte, dass es den Brüderstreit nicht schlichten wird, wenn man sich gegenseitig als »Arschgeigenpupser« beschimpft. Das funktioniert alles nicht.

Heute soll es aber darum gehen, dass kleine Jungs zwar durchaus gern mit Autos spielen, Rosa doof finden und schwarze Fingernägel haben, dass diese Tatsachen aber nichts damit zu tun haben, dass kleine Jungs wahnsinnig eitel sein können. Meine jedenfalls.

Ich befinde mich in der Kinderbekleidungsabteilung eines Kaufhauses. Max und Samuel waren erstaunlicherweise geneigt mitzukommen. Nicht nur weil die Spielwarenabteilung in diesem Haus überaus gut sortiert ist oder weil es gleich nebenan ein italienisches Eisgeschäft gibt, sondern weil sie die letzten von mir angeschafften T-Shirts und Pullover verweigert haben. »Was soll denn die blöde Maus auf dem T-Shirt?«, fragte mich Samuel neulich.

»Das ist doch die Micky Maus«, sagte ich und hielt ihm das putzige Kleidungsstück vor die Brust.

»Micky wer?«, entgegnete er cool, und sein kleiner Bruder Max betete ihn an.

»Sag bloß, du kennst Micky Maus nicht?«, fragte ich. »Die ist doch süß und das Hellblau steht dir so gut.«

»Micky, der Arschgeigenpupser«, rief Mäxchen, und es wurde viel und laut gelacht und das T-Shirt flog in die Ecke. Deswegen sind wir heute hier. Sollen sie sich ihre Sachen doch selbst aussuchen, denke ich ganz souverän, das dürfte das Einfachste sein.

»So etwas?«, frage ich und halte einen Ringelpulli in die Höhe.

»Wir sind doch keine blöden Matrosen!«, wird einstimmig protestiert.

»Könnt ihr auch mal einen Satz sagen ohne ›blöd‹ oder ›Pups‹ oder ›Arschgeige‹?«, will ich wissen.

Und da steht auf einmal eine Verkäuferin hinter mir. »Kann ich helfen?«, fragt sie und schaut mich interessiert an.

»Schonen Sie Ihre Nerven«, rate ich ihr und mache mich sogleich auf die Suche nach den Jungs, die ein Karussell entdeckt haben.

»Können wir eine Runde fahren?«

»Nein«, sage ich. »Wir kaufen jetzt Hosen und T-Shirts für euch, und ihr dürft frei wählen.«

»Kriegen wir hinterher ein Eis?«

»Verdammt noch mal!«, wüte ich. »Hört endlich auf, mit mir zu verhandeln!«

»Hihi.«

»Hihi.«

Hat das jetzt Eindruck gemacht? Ich glaube nicht. »Diese Hose?«, frage ich und deute auf eine Latzhose aus rotweiß kariertem Cord.

»Wir sind doch keine Babyyyyys mehr!«, wird entsetzt geschrien. Schade, denke ich, dann würde ich euch jetzt einen Schnuller in den Mund stopfen und so viel karierten Cord einkaufen, wie ich will.

»Das ist cool!«, ruft Mäxchen und zerrt ein Camouflage-Outfit in Braun-Grün von der Stange.

»Nein!«, rufe ich. »Alles, nur das nicht!«

»Du hast gesagt ...!«

»Ich weiß, was ich gesagt habe, aber ich habe keine Lust, dass ihr ausseht wie zwei Bundeswehrsoldaten auf Patrouille in Afghanistan!«

»Was hast du denn gegen die?«, fragt mich Mäxchen blauäugig und die Verkäuferin glotzt schon wieder zu uns rüber.

»Nichts!«, sage ich. »Na also!«

»Kein Militär-Look, sonst gibt es kein Eis«, erwidere ich knapp und unfreundlich.

»Abgemacht«, freut sich Samuel. »Dann verzichten wir aufs Eis und bekommen diese coolen Sachen!«

Hilfe! Das ging ja nach hinten los. Was nun? Frau Super Nanny Saalfrank, hätten Sie kurz Zeit? Ich hole tief Luft.

»Solche Kleidung trägt zur Verharmlosung von Kriegen bei«, beginne ich meinen Vortrag.

»Hä?«, macht Samuel.

»Ja, richtig«, mischt sich die Verkäuferin ein. »Wird immer gern gekauft.« Ich drehe gleich durch.

»Dann fehlen ja nur noch Machete und Handgranate«, zicke ich die Verkäuferin an.

»Dritter Stock, Spielwarenabteilung«, antwortet sie freundlich.

»Juchhuuuu!« Das waren die Jungs auf dem Weg zur Rolltreppe.

»Halt!« Ich keuche hinter ihnen her. »Hört zu! Ich will euch ein Angebot machen!«

Ich weiß, ich weiß, ich bin erpressbar, ich bin nicht konsequent, aber ich habe mich durchgesetzt. Es hat mich sechs Kugeln Erdbeereis und ganze Nervenstränge gekostet, aber letztlich laufen nun zwei Mini-Piraten in Totenkopf-T-Shirts durch meine Wohnung und keine Einzelkämpfer in Flecktarn.

Jede Menge Haargel klebt auf ihren Schöpfen. Sie sind unsäglich cool und haben ein neues Feindbild: Micky Maus, der Arschgeigenpupser.

46

Von Falten, Pickeln und anderen Krisen

Menschen in der Pubertät sind sehr sensibel, was ihr Äußeres betrifft. Menschen in der Midlife-Crisis auch!

Mit meiner dreizehnjährigen Tochter Sanne stehe ich vor dem Badezimmerspiegel. Beide gucken wir recht unzufrieden hinein. »Diese Falten«, knurre ich. – »Diese Pickel«, murrt sie.

»Ich hätte lieber deine Pickel«, sage ich und vergesse kurz, dass Pubertierende überaus empfindlich sind. Pubertierende glauben, dass der Rest der Welt immer gegen sie ist.

»So viele Pickel sind es ja nun auch wieder nicht …«, zetert Sanne prompt, »als dass ich sie gegen deine VIELEN Falten tauschen würde!«

Wie Sie vielleicht wissen, sind Leute in der Midlife-Crisis auch hochsensibel. Und der Rest der Welt ist sowieso schon immer gegen sie gewesen. Viele Falten? Ich? So schlimm, dass meine Tochter lieber mit diesen entsetzlichen Pickeln rumläuft, als überhaupt in Erwägung zu ziehen …? Aber halt! Ich bemühe mich um eine erwachsene Denkweise. Niemand kann Pickel gegen Falten tauschen. Oder umgekehrt. Beleidigt hat sich Sanne in ihr Zimmer verzogen. Ich stehe noch einen Moment vor dem Spiegel. »Soooo viele Falten sind es nun auch wieder nicht«, zische ich, und dann schminke ich mir trotzig die Lippen und verlasse lebenskrisengeschüttelt das Bad.

»Können Theresa und Franzi heute bei uns übernachten?«, fragt mich Sanne, die sich offenbar erholt hat.

O nein, stöhne ich stumm.

Das wird wieder ein wüstes Gekicher und Chipstüten-Geraschel, eine Endlosdiskussion, ob Heidi bei »Germanys next Topmodel« mit der Wahl der Rothaarigen ein Topmodel mit Zukunft gekürt hat. Apropos Heidi! Das Leben ist ungerecht. Ich will auch eine Villa in Malibu (mit Pool), ein Kindermädchen und eine TV-Karriere. Buhu, keiner nimmt mich wahr und …

»Was jetzt?«, unterbricht Sanne meinen Gedankenfluss. Ich gucke gequält. »Sei doch froh, dass ich Freundinnen habe!«, erhitzt sich meine Tochter. »Und dass ich nicht rauche oder magersüchtig bin! Anstatt dich zu freuen, dass ich soziale Kontakte pflege …«

»Schon gut!«, unterbreche ich. Sie hat ja Recht. Aber wen haben meine sozialen Kontakte in den vergangenen Jahren gekümmert? Ich bin vereinsamt, faltig und …

»Also?«, fragt Sanne wieder.

»Meinetwegen«, knurre ich. Wo war ich mit meinen Gedanken stehen geblieben? Ach ja: … vereinsamt (ich gebe zu: Das stimmt nicht, aber es passt gerade so gut zu meiner Stimmung) und … was war es noch? Faltig. Panisch hetze ich wieder vor den Spiegel. Diesmal ist es der in der Diele, da ist die Beleuchtung barmherziger. Ein paar Lachfalten sind es, mehr nicht. Und ein paar auf der Stirn. Und zwei neben der Nase. Bevor ich noch mehr entdecken kann, trolle ich mich seufzend in die Küche und steuere auf das Nutellaglas zu. Ein weiteres Problem: In der Mitte des Lebens nimmt man in der Mitte des Körpers zu. Das ist so. Ob man nun Nutella isst oder nicht. Der Löffel sinkt tief ins Glas und gleich darauf tief in meinen Mund. Das sind meine Freuden. Wie armselig. Den Mund voller Nussnougatcreme, kommen mir die Tränen. So ätzend finde ich mich.

Da springen meine Söhne in die Küche. »Mama futtert Nutella aus dem Glas und heult!«, rufen sie.

Ich will etwas antworten, aber mein Gaumen ist schokoladig verklebt.

»Was ist denn los?«, fragt Samuel und guckt mich an, als wäre er mein Psychoanalytiker. Derweil hat sein Bruder zwei weitere Löffel organisiert, die sich zu meinem ins Glas gesellen.

»Buhu«, mache ich, denn ich weiß selbst nicht genau, was los ist. Die Hormone? Oh Schreck, vielleicht versiegen mir schon die Östrogene? »Buhuhuuu!«

Münder voller Schokolade versichern mir, dass ich die liebste, schönste Mama bin. »Und du riechst immer sooo gut«, schwärmt Samuel. »Deine Spaghetti Carbonara sind die leckersten«, schwört Mäxchen feierlich und schmiert sich dabei Nutella aufs T-Shirt. Sanne kommt in die Küche.

»Ihr esst Nutella aus dem Glas?«, kreischt sie. »Und iiich?«

»Bitte«, sagt Samuel und reicht ihr einen Löffel. »Und jetzt sag Mama was Nettes.«

»Es ist voll nett von dir, dass meine Freundinnen kommen dürfen«, erklärt mir Sanne und lächelt mich mit braunen Zähnen aufmunternd an. »Lad dir doch auch mal ein paar Mädels ein.«

Wissen Sie was? Falten hin, Krise her, ein bisschen Spaß muss sein. Ich habe mir also Marie, Kerstin und Petra eingeladen und festgestellt, dass ich gar nicht in Malibu leben möchte, sondern viel lieber hier in Berlin, mit all meinen Kindern und Freundinnen und – Falten.

47

Fördern, formen oder Fußball spielen?

Das ist hier die Frage. Jedenfalls für mich. Für ehrgeizige Super-Mamis ist die Sache natürlich klar.

»Mein Karlchen hat Terminstress«, sagt Frau Kühne neulich zu mir. Terminstress! Ist Karlchen Kühne Investmentbanker? Nein, er ist achteinhalb Jahre alt und will mit uns Eis essen kommen. Darf er aber nicht, denn er hat TERMINE!

»Tennistraining, Klavierunterricht, rhythmisches Trommeln«, keucht Frau Kühne und hat Karlchen schon an der Kapuze gepackt. Da hängt er wie ein schlaffes Kaninchen und zappelt nicht mal mehr. »Und was machen Ihre Söhne so?«, fragt sie und klappert hektisch mit den Augendeckeln.

»Eis essen«, gebe ich mürrisch zurück. Die Frau nervt mich. Sie lacht hysterisch auf. Dann rauscht sie mit dem zukunftigen Friedensnobelpreisträger davon (zum rhythmischen Trommeln wahrscheinlich) und grüßt mich am nächsten Tag nicht mehr.

»Frederike nimmt jetzt Tanz- und Schauspielunterricht«, informiert mich die Mutter von Sannes neuer Freundin. »Sie hat auch schon an einigen Castings teilgenommen. Was macht denn Ihre Sanne so?«

Und anstatt wieder »Eis essen« zu antworten, habe ich betroffen geschwiegen und mich am Kopf gekratzt. Die ersten Zweifel nagten an mir. Waren meine Kinder dabei, zu verblöden? War es nicht meine heilige Mutterpflicht, ihnen so viel wie möglich mit auf den Weg zu geben? Fördern! Fordern! Formen! So lautet die Devise verantwortungsbewusster Mütter. Kopf auf und immer rein damit!

»Mäxchen«, sage ich am Abend feierlich. »Was möchtest du denn gern tun?«

»Fernsehen.« Er freut sich sichtlich.

»Nein, nein.« Ich lächle mild, aber entschlossen. »Ein Hobby meine ich. Hast du Lust, Eishockey zu spielen?«

»Nö.«

Ein Glück, denke ich. Der Verein befindet sich am anderen Ende der Stadt. Wie hätte ich Mäxchen zweimal in der Woche dort hingebracht?

»Vielleicht musikalische Früherziehung?«, forsche ich weiter. Wäre sehr praktisch, gleich um die Ecke.

»Was macht man denn da?«, will Samuel wissen.

»Haaa«, schwärme ich, obwohl ich es auch nicht so genau weiß. »Das ist ganz toll, da wird gerasselt und getrommelt.«

»Iiih, nee«, murrt Samuel. »Das macht Karl Kühne auch und der ist schon ganz weich in der Birne von dem ganzen Krach.«

Ich will meinem Sohn widersprechen und sagen: Karlchen Kühne ist ganz weich in der Birne, weil er so eine nervige Mutter hat. Aber ich sage besser nichts.

»Wie wäre es mit Tanzen?«, schlage ich vor.

»Im rosa Tutuhh?«, kreischt Mäxchen und Sanne heult auf vor Lachen.

»Können wir nicht einfach Fußball spielen?«, fragt Samuel verzweifelt.

»Das tut doch JEDER!«, rufe ich. »Ich will euch fördern! Damit mal was aus euch wird.«

»Meinst du, Oliver Kahn ist auch mal im rosa Röckchen herumgesprungen?«, will Mäxchen interessiert wissen. »Und Angela Merkel hat rhythmisch getrommelt?«

Ich denke kurz nach. »Wahrscheinlich«, sage ich und beiße mir auf die Unterlippe, denn die Vorstellung von Oliver Kahn … Sie wissen schon, hahaha, ist einfach zu komisch. Und Frau Merkel hinter einer Buschtrommel? Ha!

»Ich will aber nicht«, nölt Samuel. Was macht man als Mutter unmotivierter Kinder? Man motiviert sie. »Sanne geht jetzt einmal die Woche töpfern, Samuel singt im Gospelchor und Mäxchen lernt steppen«, befehle ich. »Das ist kreativ und wird euch guttun.«

»Steppen?«, fragt Mäxchen, »wasndis?«

»Töpfern?«, kreischt Sanne. »Das ist was für die Lebensmitte!«

»Singen?« Samuel zeigt mir einen Vogel. »Lieber tanze ich im rosa Röckchen.«

»Ich auch!«, ruft Sanne.

»Und ich erst!«, ruft Mäxchen, obwohl er immer noch nicht weiß, was Steppen ist.

»Gut«, sage ich mit fester Stimme. »Dann melde ich euch beim Ballett an.«

Ohrenbetäubendes Protestgeheul brandet durch die Wohnung. Wenn sie so weiterbrüllen, kommt gleich wieder Oma Schulz von unten, um sich zu beschweren. Da will man den Sprösslingen was Gutes und dann das … Wissen Sie was? Und diese Aussage richtet sich insbesondere an Frau Kühne, die immer noch so tut, als ob sie mich nicht sieht. Wissen Sie was, Frau Kühne? Meine Kinder sind vielleicht in Ihren Augen unmotiviert und ungefördert. Aber sie sind charakterstark und fröhlich. Sie hängen nicht wie erwürgte Kaninchen an meinem Arm, sie essen lieber Erdbeereis und spielen auf der Straße Fußball. Ob sie mal Bundeskanzler oder Investmentbanker werden – ehrlich gesagt ist mir das zurzeit ganz egal. Hauptsache, sie haben eine schöne Kindheit. Ohne rhythmischen Trommelfrüh-Krampf-Tanz.

48

Wenn Männer (k)eine große Hilfe sind ...

»Was ist denn das für ein Titel?«, fragt Robert, der liebste Ehemann, der gerade über meine Schulter blickt.

»Damit meinst du aber nicht mich!«

»Aber nein«, lüge ich hastig.

»Würde auch gar nicht passen«, sagt Robert und streicht sich selbstzufrieden über den eigenen Nacken. »ICH habe schließlich heute Morgen die Spülmaschine ausgeräumt.«

»Ja, ja«, rufe ich ungeduldig, denn ich habe ja noch diese Geschichte zu schreiben und muss nun befürchten, einer Aufzählung von Roberts Haushalts-Heldentaten ausgesetzt zu werden. Da geht es auch schon los: »Ich bringe außerdem jetzt gleich den Mülleimer raus.«

»Das ist toll, Robert«, lobe ich und drehe ihm den Rücken zu, um weiterzuschreiben.

»Und?«, ruft Robert von hinten.

»Und was?«

»Änderst du jetzt den Titel?« Ich seufze.

Robert kratzt sich am Kopf. »Wie wäre es mit: MEIN MANN IST EINE GROSSE HILFE? Oder besser noch: OHNE MEINEN MANN LÄUFT ZU HAUSE GAR NICHTS?«

»Pass auf«, sage ich mit beherrschter Stimme. »Du lässt mich jetzt in Ruhe arbeiten und wenn dir langweilig ist, bringst du schon mal den Mülleimer raus.« Oha, das ist ein Ton, den mein Mann gar nicht schätzt.

»Ich will dir ja bloß helfen«, sagt er eingeschnappt. »Mit so einem niveaulosen Titel wird niemand lesen wollen, was du schreibst.«

»Wir werden sehen«, gebe ich lässig zurück.

»Es ist nicht immer leicht, mit einer Kolumnistin verheiratet zu sein«, höre ich Robert beim Rausgehen stöhnen. »Ich halte ihr den Rücken frei, ich kümmere mich um Haushalt und Kinder. Und dann ist sie immer so kritikunfähig.«

Sehen Sie! Genau das meinte ich mit meinem Titel. Für einmal Mülleimer-Raustragen bezahle ich mit meinem Seelenfrieden. Eine von Robert ausgeräumte Spülmaschine kostet mich eine Stunde Nacharbeit, denn ich finde nichts mehr wieder. Und nun wird mir auch noch in die Geschichte gequatscht. »Ich weiß schon, wie man so etwas macht!«, zicke ich ihm hinterher.

»Aber man muss doch mal einen Verbesserungsvorschlag annehmen können«, sagt Robert, der schon wieder im Türrahmen hängt. »Wie neulich, als ich dir die Küche ein bisschen praktischer einrichten wollte, da hast du auch …«

»Robert«, gifte ich, »geh mal mit dem Hund Gassi. Und wenn du wiederkommst, bin ich hier fertig geworden und wir können uns gern unterhalten.«

»Ich war schon vorgestern Gassi«, mault Robert.

»Der Hund muss drei- bis viermal täglich raus«, rufe ich, »und ich muss jetzt diese verflixte Geschichte schreiben!«

Wenig später klappt die Tür und Robert hat mit Hund und schmalen Lippen die Wohnung verlassen. Puh, denke ich. Endlich Ruhe. Jetzt brauche ich erst mal einen Kaffee. Im Küchenschrank finde ich allerdings keinen Kaffee mehr, dafür gibt es jetzt Zwieback und Senfgläser. Robert! Der volle Mülleimer steht auch noch da.

»Wenn Männer keine Hilfe sind«, murmle ich genervt.

Ich suche noch eine Weile nach dem Kaffee, finde ihn aber nicht. Gerade als ich mich für Kamillentee entscheide, klingelt es an der Tür. Ich öffne. Es ist Robert. »Hatte meine Schlüssel vergessen«, keucht er und hechtet die letzten Stufen nach oben. »Aber du bist ja da.«

»Ja«, sage ich knapp. »Wo ist der Kaffee?«

»Ich denke du ARBEITEST?«, sagt er vorwurfsvoll. »Kaffee trinken ist Arbeit?« Robert starrt mich geringschätzig an. »Hier«, sagt er und hält mir ein Riesenpaket unter die Nase. »Habe uns zehn Kilo Rhabarber besorgt.«

»Zehn Kilo ...?«, stottere ich. »Warum so viel?«

»Ich denke eben praktisch«, sagt Robert lächelnd und fügt hinzu, als wäre es ein Geheimtipp: »Es war ein Sonderangebot.«

»Und wer soll das alles schälen?«, rufe ich.

»Na!«, schnippt er mich an. »Ich kann ja wohl nicht alles machen.«

Da kommen die Kinder um die Ecke getobt. »Hunger!«, rufen sie.

»Ihgittigittigitt, Rhabaaaarbaarbääääh!«, rufen sie außerdem.

Was habe ich an diesem Vormittag geschafft?

Ich habe mich mit meinem Ehemann herumgeärgert, nach Kaffee gesucht und die Überschrift einer Geschichte in Frage gestellt.

Wenn Sie mich jetzt bitte entschuldigen würden. Ich habe leider keine Zeit mehr, denn zehn Kilo Rhabarber warten darauf, geschält zu werden, der Mülleimer muss runtergebracht, die Küche umgeräumt werden. Aber eines weiß ich ganz genau: Der Titel dieser Geschichte bringt all das genau auf den Punkt! (Sorry, Robert!).

49

Und jetzt schön tiiief durchatmen ...

Ob das geduldig macht? Manch einen bestimmt. Ich fürchte, mich leider überhaupt nicht ...

Es geht schon morgens los, wenn der Kaffee so endlos durch die Maschine schleicht. Dann krümeln die Kinder ewig an ihren Toastbroten herum. Ich kann gar nicht zusehen. Und Robert erst! Der liebste Ehemann ist ein Ausbund an morgendlicher Gelassenheit, liest nebenher interessante Passagen aus der Zeitung vor und schenkt sich ein weiteres Tässchen Kaffee ein. Obwohl alle gleich los müssen, wird gekrümelt, geschlürft und geplaudert, und ich kriege einen nervösen Anfall.

»Mach mal ein bisschen Yoga«, rät mir meine Bekannte Bea.

»Geht das schnell?«, frage ich.

»Im Gegenteil«, sagt sie. »Du atmest eiiiin und wieder aus, pffffff.«

»Langweilig«, murre ich und werfe einen nervösen Blick auf Beas Töchterchen Polly, die auf meinem Sofa auf und ab springt.

»Engelein«, sagt Bea sanft, »bitte lass das sein.«

Polly ist taub. Oder sie tut so, denn sie springt immer weiter. Bea hat wohl eine Überdosis Yoga im Blut, sie lächelt mild in ihre Kaffeetasse und sagt nichts mehr. Ist ja auch nicht ihr Sofa. Meine Finger krallen sich in meine Oberschenkel. Dieses hüpfende Kind macht mich irre. Ob Bea mal endlich was sagen könnte?

»Liebelein«, zwitschert sie, »Liebelein, hast du gehört, was Mami gesagt hat?«

Liebelein Polly hat rote Tobebäckchen. Ich auch gleich.

»Also«, sagt Bea wieder an mich gerichtet und missachtet Tobe-Polly, die sich inzwischen im Saltoschlagen übt. Der unweit stehende Geschirrschrank klirrt empört. »Yoga macht dich ruhig und gelassen. Stell dir zum Beispiel vor, du wärst ein Baum und atmest tief in deine Krone. Pfiff.«

Da! Endlich! Engelein Polly hat sich den Kopf an der Sofalehne gestoßen und heult. Nun wird sie wohl aufhören mit der Randaliererei.

»Bonbon«, wimmert sie.

»Aber sicher, Liebelein«, flötet Bea voller Gram und streicht über das verschwitzte Blondköpfchen.

Da kommen meine Söhne um die Ecke. »Was heult die so?«, fragt Samuel ungerührt. Er kann rosa gekleideten, heulenden kleinen Mädchen nicht viel abgewinnen.

»Sie hat sich beim Toben weh getan«, sage ich müde.

»So was passiert«, sagt Mäxchen lebenserfahren.

»Bonbooon«, kreischt Polly. Sollte ich Bea jetzt klarmachen, dass ihre Tochter mir auf die Nerven geht? Ruhig, sage ich mir stumm, stell dir vor, du bist ein Baum.

»Komm, wir gehen wieder Fußball spielen«, sagt Samuel genervt zu seinem Bruder. Die beiden greifen sich ein Stück Kuchen und sind verschwunden.

Tadelnd sieht mich Bea an. »Was du denen alles durchgehen lässt«, sagt sie und pustet auf Engeleins unversehrten Schädel.

Das ist der Gipfel! »DEINE Tochter terrorisiert uns doch hier die ganze Zeit«, zicke ich. Von Geduld keine Spur.

»Sie hat Schmerzen«, ruft Bea empört.

Ich versuche tief zu atmen, aber irgendwie will mir das nicht gelingen. Yoga auf der Sesselkante funktioniert nicht. Schon gar nicht, wenn Liebelein-Polly schon wieder anfängt herumzuspringen.

Bea lächelt versöhnlich. Bea ist ein Baum. Bea geht mir auf die Nerven. »Du bist grenzenlos überfordert«, diagnostiziert sie meinen Seelenzustand.

Ja, mit euch beiden, denke ich verzweifelt.

»Jungs sind schwer zu bändigen«, sagt sie außerdem und legt mir eine Hand auf den Arm.

»Woher willst du das wissen?«, frage ich und beobachte mit schmalen Augen, wie Polly einen Hechtsprung vom Sofa macht und dann die schöne Kristallkaraffe von Oma Berta befingert. »Fass das nicht an!«, herrsche ich die rosa Polly Pocket an. Das hat jetzt nichts mehr mit Geduld zu tun, habe ich entschieden. Jetzt geht es darum, meine Gesundheit zu wahren. Und Oma Bertas Karaffe.

Polly lässt erschrocken die klebrigen Hände sinken.

»Das ist so lieb von dir, Herzelein«, lobt Bea begeistert und zischt mich an: »Du hättest sie nicht so anherrschen müssen.«

Wenig später gehen Bea und ihre Tochter nach Hause. Vorher muss noch viel geknatscht und gehüpft werden. Bea hält einen abschließenden Vortrag über überforderte Mütter (mich?) und dann sind sie endlich weg.

Ich lehne mich gegen die Tür und stöhne. »Pfffff«, mache ich aus meiner genervten Tiefe heraus, und es tut richtig gut. »Pfffff« … Doch dann kommen die Jungs und wollen Schinkenbrote und grünen Schaum ins Badewasser und meine Tochter Sanne offenbart mir, dass sie in den Piraten Jack Sparrow verliebt ist und Robert klingelt Sturm, weil er seinen Hausschlüssel verloren hat.

Wissen Sie was? Ich werde mich morgen für einen Yoga-Kurs einschreiben. Und eine neue Kaffeemaschine kaufen, damit es morgens ein bisschen flotter vorangeht. »Pfffffif …«

50

Endlich mal sturmfreie Bude …

Neulich waren meine Kinder ausgeflogen und wir konnten es uns mal so richtig gemütlich machen.

Robert und ich waren im Freiheitsrausch.

»Zuerst gehen wir ins Kino und dann ins Restaurant und dann …«

»… in eine Ausstellung.«

»Wie wäre es mit den französischen Malern?«

Robert kratzte sich am Kopf. »Und wenn wir einfach zu Hause blieben?«

Ich sah ihn überrascht an.

»Na ja«, sagte er, »sturmfreie Bude haben wir nicht alle Tage.«

Tatsächlich, uns erwartete ein »kinderloses Wochenende«.

»Möchtest du noch einen Kaffee?«, fragte Robert beim Frühstück. Ich hatte schon vier Tassen getrunken. Ziemlich schnell hintereinander, denn niemand hatte mich daran gehindert. Niemandem war das Honigmesser runtergefallen, keiner hatte Rosinen aus dem Brötchen gepult und damit herumgeschossen, niemand hatte geschrien: »Alles ist gut, solange du wild bist!« Es herrschte Stille am morgendlichen Tisch, nur das Kauen des liebsten Ehemanns war deutlich zu hören.

»Kaust du immer so laut?«, fragte ich irritiert.

»Hä?«

»Schon gut.«

»Willst du nun oder nicht?«

»Was?«
»Kaffee.«
»Nein, danke.«
Wieder Ruhe.

Ich begann den Tisch abzuräumen. »Sei doch nicht so ungemütlich«, rügte mich Robert.

»Wollen wir nicht doch ein bisschen rausgehen?«, fragte ich, und Panik stieg in mir auf. Wie sollte ich achtundvierzig Stunden in dieser Wohnung eingesperrt sein? Mit einem Ehemann, der offensichtlich von mir erwartete, dass ich das gemütlich fand?

Da ging es auch schon los: »Ach was!«, rief Robert und biss krachend in ein weiteres Brötchen. »Wir haben sturmfreie Bude und gleich trinken wir Sekt auf dem Balkon, ist das nicht toll?«

»Ja, toll«, sagte ich lahm und trank einen fünften Kaffee, der meinem Kreislauf nicht guttat. Hatte ich verlernt, mich zu entspannen? Konnte ich nur noch in einer Meute von Kindern funktionieren? Aber nein, beruhigte ich mich. Ich trinke jetzt ein Sektchen auf dem Balkon und entspanne mich total. Ich werde mich endlich mal wieder ohne Unterbrechungen mit meinem liebsten Ehemann unterhalten können und später lassen wir uns Pizza ins Haus liefern.

Sagenhaft ge-müt-lich.

»Ob es den Kindern gut geht?«, fragte ich halblaut.

»Klar«, antwortete Robert kauend.

»Woher weißt du das?«, giftete ich.

»So etwas spürt man als Vater«, gab er grinsend zurück.

»Väter haben meistens keine Ahnung!«, ereiferte ich mich, »wer hat denn die Koffer der Kinder gepackt? Wer kennt die Namen ihrer Kuscheltiere, wer …?«

»Tanja«, unterbrach er mich. »Entspann dich mal.«

»Ich-bin-total-entspannt!«, keuchte ich.

»Setz dich auf den Balkon«, sagte Robert fröhlich. »Ich komme gleich mit dem Sekt.«

Wie kann einer so gute Laune haben, wenn seine Kinder da draußen in der großen, weiten Welt herumirren? Typisch Mann! Nur auf seine Vergnügungen aus.

Grollend verließ ich die Küche, kam auf dem Weg zum Balkon zufällig am Telefon vorbei und wählte hastig, nur um rasch zu hören, wie es meinen Kindern geht.

Bevor ich es erfahren konnte, stand Robert vor mir. »Alte Glucke«, sagte er. Ich guckte ihn böse an. »Soll ich uns ein Bad einlassen?«, fragte er mit glühendem Blick.

Hilfe! Mir war schon viel zu warm. Und dieses Herzrasen! Und diese Stille in der Wohnung! Geradezu beängstigend.

»Doch lieber erst ein Glas Sekt?« Roberts Welt schien in Ordnung zu sein.

Also schön: Sekt. Vielleicht hätte ich hinterher meine Ruhe. Wenig später saß ich zwischen zwei Lavendelkübeln und ließ mir Sekt einschenken.

»Prost«, sagte Robert. »Auf ein Wochenende zu zweit.«

Ich müsste dringend noch frische Milch einkaufen, Erdbeeren wären nicht übel und Shampoo und Slipeinlagen und …

»Woran denkst du?«, fragte Robert und lächelte mich an. »Du hast so einen verträumten Blick.«

»Ach, an nichts Besonderes. Ich müsste nur noch mal schnell in den Supermarkt.«

Robert zuckte zusammen. »Wir wollten doch das Haus nicht verlassen!«

»DU wolltest das Haus nicht verlassen«, widersprach ich und nahm einen zu großen Schluck Sekt, der mir sofort zu Kopf stieg und dort ein bisschen zu schmerzen begann.

»Kannst du dich denn gar nicht mehr entspannen?«, rief Robert. »Das ist ja fürchterlich!«

Da! Jetzt waren sie da: die Kopfschmerzen! Wer sitzt auch am Sonnabendvormittag Sekt trinkend auf dem Balkon und streitet sich mit seinem Ehemann herum?

Wir sind dann doch noch ins Kino gegangen. Und die Kinder habe ich auch noch angerufen (dreimal) und dann kam endlich der Sonntagabend und die Kinder kehrten heim und machten Krach und Unordnung. Hoffentlich lassen sie uns nicht zu bald wieder allein. Das ist ja unverantwortlich.

51

Wer sich einmischt, ist selbst dran schuld …

Wenn Kinder streiten, sollte man sich raushalten. Wenn Erwachsene streiten, dann erst recht!

Die Erfahrung habe ich aus nächster Nähe gemacht und ich werde sie Ihnen nicht vorenthalten.

»Buhuu-huuu, Frau Wekwerth, der Samuel ist ganz gemein, der gibt mir keinen Playmobilritter ab!« So unglücklich weinte mich neulich Klein Robbi an.

Empört rauschte ich ins Kinderzimmer und hielt meinem ungastlichen Sohn einen mittellangen Vortrag über die Freuden des Teilens.

»Wieso?«, fragte er ungerührt, als ich geendet hatte. »Robbi wollte die Ritter doch gar nicht haben, der wollte die Wikinger!«

»Ach Mensch, stimmt ja«, freute sich Robbi, wischte sich mit dem Handrücken die Nase sauber und vertiefte sich wieder ins Spiel.

Da stand ich etwas blamiert im Kinderzimmer und schwor mir, mich nie wieder einzumischen.

Eine halbe Stunde später kam Samuel in die Küche getobt, in die ich mich zurückgezogen hatte.

»Der Robbi …«

»Ich will nichts hören«, unterbrach ich ihn. »Klärt das unter euch!«

»Aber für Robbi hast du mich angemeckert!«, erhitzte er sich. »Und für mich tust du gar nichts!«

Hm, dachte ich. Er hat nicht Unrecht.

»Also, Robbi, was ist los?«, wollte ich, wieder im Kinderzimmer angekommen, wissen. (Man hat ja sonst nichts zu tun, nicht wahr?)

»Der Samuel behauptet, dass der hier ...« – er hielt ein Playmobilmännchen in die Höhe – »... ein Ritter ist. Er ist aber ein Wikinger!«

Ich machte schmale Augen und betrachtete das Plastikmännchen. »Ich würde sagen, er ist ein Indianer«, sagte ich.

»Ach so«, machten beide Jungs wie aus einem Munde.

»Dann darfst du ihn haben«, sagte Samuel.

»Nein, du darfst ihn haben«, widersprach Robbi.

Beide lächelten sich an, dann blickten sie zu mir hoch, die ich noch immer in einem Meer von Spielzeug stand.

»Oder«, sagte Robbi leise, »wir schenken ihn deiner Mutter, damit sie uns nicht immer stört.«

Sehen Sie! Das meine ich!

Und genauso erging es mir wenig später mit meiner Freundin Marie.

Sie klagte mir ihr Leid über ihren neuen Freund, der zu allem Überfluss auch noch Kurt-Rüdiger hieß.

»Wer heißt schon Kurt-Rüdiger?«, schrie Marie voller Gram. »Und wenn er schon so heißt, dann könnte er sich wenigstens nett verhalten!«

Das erschien mir ein wenig weit hergeholt, deswegen sagte ich mit milder Stimme: »Marie! Für seinen Namen kann doch keiner was.«

»Aber dafür, dass er mir gesagt hat, ich würde einen fetten Hintern kriegen, dafür kann er was!« Wütend knallte Marie ihre Faust auf den Tisch. »Und dafür, dass er mir zum Geburtstag eine Flasche Haarspray geschenkt hat, wohl auch!«

»Oh«, sagte ich betroffen.

»Er hat sie nicht einmal eingepackt. Und dann hat er mich ins Restaurant eingeladen und gesagt, ich dürfe mir nichts aussuchen, was teurer als zehn Euro ist!«

»WAAAS?«, kreischte ich auf. »Das ist ja wohl das Allerletzte! So ein ungehobelter Idiot!«

Marie hob den Kopf.

Ich war nicht zu bremsen. »Und was hast du gemacht?«, wollte ich wissen. »Hast ihm die Speisekarte um die Ohren gehauen und bist gegangen.«

»Nun ja …«, machte Marie.

»Und hast ihm vorher noch Haarspray ins Auge gesprüht?«, höhnte ich mit schriller Stimme.

»Nun übertreibst du aber«, sagte Marie und sah ein wenig gekränkt aus.

»Na hör mal!«, rief ich. »Der beleidigt dich, der ist geizig, der hat kein Benehmen und der heißt …«

»Ich weiß, wie er heißt«, unterbrach mich Marie mit schmalen Lippen. »Trotzdem brauchst du nicht verletzend zu werden.«

Jetzt war ich ein bisschen ratlos.

»Für seinen Namen kann man schließlich nichts«, fuhr Marie fort. »Und Kurt-Rüdiger ist eben ein sparsamer Mensch. Vielleicht will er mich ja zum nächsten Geburtstag mit einer schönen Reise erfreuen und spart schon dafür.«

»Hä?«, machte ich. Mehr fiel mir dazu nicht ein.

»Und Haarspray ist doch auch nicht so übel«, fuhr Marie fort. »Das kann man immer brauchen.«

»Ich nicht«, gab ich zurück.

»Kurt-Rüdiger hat sich wenigstens Gedanken gemacht«, rief Marie. »Einen blöden Brillantring kann ja jeder schenken!«

»Wenn du meinst.«

»Du brauchst gar nicht so abfällig zu tun!«, meckerte Marie.

»Du hast vergessen, dir den ›dicken Hintern‹ schönzureden«, stichelte ich zurück.

Und dann habe ich mich mit meiner Freundin Marie gestritten, nur weil ich Brillantringe interessanter finde als Haarsprayflaschen. Und weil ich mich in Angelegenheiten gemischt habe, die mich nichts angehen. Das werde ich nie wieder tun! Und ein kleines Indianer-Playmobilmännchen, das neuerdings auf meinem Schreibtisch steht, wird mich immer daran erinnern.

52

Von der Kunst, im Auto aufzuklären

»Wie spät ist es auf dem Mond?« So was fragten die Jungs früher. Jetzt heißt es: »Hattest du schon mal Sex?«

»Nun, ähmem«, antworte ich, denn ich sitze gerade im Auto und versuche, in eine enge Parklücke hineinzupassen.

»Sag doch mal«, kräht es von der Rückbank.

Hektisch drehe ich am Lenkrad. »Gleich«, keuche ich.

»Sie hat gleich Sex«, informiert Samuel seinen kleinen Bruder auf der Rückbank.

Sanne, meine pubertierende Tochter, meckert: »Seid doch nicht so ekelhaft!«

Jetzt habe ich das Auto in die Lücke manövriert, aber aussteigen werden wir nicht mehr können. Also zurück und noch mal von vorn.

»Sex ist nicht ekelhaft«, sage ich noch schnell über die Schulter. Die Kinder sollen schließlich eine natürliche, unverklemmte Einstellung haben.

»Also hattest du welchen?«, will Samuel wissen.

Sanne stöhnt gequält.

Ich auch, denn in die Lücke rein ist es leichter gewesen als wieder hinaus.

»Wie geht das eigentlich?«, fragt Mäxchen.

»Bei den Tauben ist es so«, erklärt der große Bruder und klatscht in die Hände, »da setzt sich der eine Vogel auf den anderen.«

»Seid still!«, kreischt Sanne hysterisch.

»Meinst du, Papa hat sich auf Mama gesetzt?«, fragt Mäxchen ungläubig.

Ich sehe im Rückspiegel, wie sich Sanne die Ohren zuhält. Und gerade als ich etwas zu den menschlichen Fortpflanzungsgewohnheiten sagen will, ramme ich den Außenspiegel des neben mir parkenden Autos. Was steht der auch so nah dran!

»Oder hat sich Mama auf Papa gesetzt?«, fragt sich Mäxchen.

»Lalala!«, singt Sanne mit den Fingern in den Ohren.

Ich muss jetzt irgendwas sagen, sonst wird Sanne ins Kloster gehen und die Jungs werden immer ein gespaltenes Verhältnis zu Frauen und Federvieh haben. Schwitzend drehe ich mich um. »Der Mann pflanzt den Samen in den Bauch der Frau«, sage ich und versuche zu lächeln, was misslingt.

»Bäääääh!« Sanne sieht mich angewidert an.

»Ja, aber WIE?«, insistiert Samuel.

»Indem er …«

»Wehe!«, unterbricht mich Sanne.

»Sannelein«, sage ich und streiche mir eine wirre Haarsträhne hinters Ohr. »Das ist doch nichts Schlimmes.«

»Es ist WI-DER-LICH, und dann noch die eigenen Eltern!«, keift sie.

Ich widme mich wieder meinem Lenkrad und vollführe wilde Drehungen.

»Wie?«

»Wie??«

»Widerlich!«

Auf der Rückbank ist die Hölle los. »Mann und Frau umarmen sich und haben sich lieb!«, schreie ich verzweifelt. Ist das jetzt zu allgemein?

Offensichtlich, denn Samuel hakt nach: »Sich umarmen bedeutet Sex haben?«

»Nein!«, rufe ich entsetzt.

»Na, was denn nun?«, will Samuel wissen.

Ich kämpfe mit Steuer, Rückwärtsgang und Gaspedal. Hinten herrscht Ruhe. Irritiert blicke ich in den Rückspiegel und sehe, wie Sanne mit ihren Brüdern flüstert.

In diesem Moment höre ich es knirschen. Man kann unmöglich schief geparkte Autos aus Lücken manövrieren und gleichzeitig seine Kinder aufklären. Das habe ich auch versucht, dem erbosten Herrn zu erklären, der in diesem Moment aufgetaucht ist. Nach zahlreichen Entschuldigungen habe ich die Versicherung angerufen und dem Mann meine Visitenkarte gegeben und ihm versprochen, alles zu bezahlen, was ich an seinem Auto kaputt gemacht habe.

Dann ist er endlich weggefahren und ich kann aus der Parklücke heraus. »Puh«, mache ich. »Wo waren wir stehen geblieben?«

Die Kinder schweigen.

Ich zerre am Blinker. »Richtig, beim Sex. Also, wenn ein Mann eine Frau ...«

»Schon gut«, unterbricht Mäxchen, »wir haben genug davon.«

»Fang nicht schon wieder an«, weist mich Sanne zurecht.

»Aber ihr habt doch gefragt«, rufe ich und komme an einer roten Ampel gerade noch zum Stehen.

»Wie fährst du denn heute?«, fragt Mäxchen vorwurfsvoll.

»Das kommt daher, dass sie die ganze Zeit nur an Sex denkt«, sagt Sanne.

»Also, Mama!« Samuel schüttelt missbilligend den Kopf.

»Guck nach vorn«, meckert mich Sanne an.

»Ich denke gar nicht die ganze Zeit an Sex!«, rufe ich. Hinter mir wird gehupt. Ja doch! Wie stehe ich denn jetzt da?

»Sie MUSS ja schon Sex gehabt haben«, höre ich Samuel flüstern, »sonst wären wir schließlich nicht da.«

»Wieso?«, posaunt Mäxchen, »was habe ICH denn damit zu tun?«

Ich übersehe fast einen Radfahrer, der mir einen Vogel zeigt.

»Bei den Vögeln ...«, fängt Samuel prompt wieder an.

»Schluss jetzt!«, rufe ich gestresst und bremse. Hinter mir wird wieder gehupt. »Kein Wort mehr. Lasst mich nach Hause fahren, dort bereden wir alles Weitere!«

»Wenn du drauf bestehst«, sagt Sanne und gähnt demonstrativ.

Wie es weiterging, erzähle ich in einer anderen Geschichte. Ich habe von Sex erst mal genug.

53

Alles eine Frage der Einstellung?

Wenn's so einfach wäre, würde ich fix ein paar meiner Einstellungen anders einstellen, und alles wäre geritzt.

So läuft das aber leider nicht. Ob ich nun morgens übellaunig bin oder mir der Dauerregen auf die Nerven geht: Immer ist es eine »Frage der Einstellung«. Meint Robert, mein liebster Ehemann. »Ist es auch eine Frage der Einstellung, ob ich Linseneintopf mag oder nicht?«, frage ich genervt. »In gewisser Weise schon«, lautet die tiefgründige Antwort.

»Du spinnst ja«, gebe ich zurück, und dann ist er beleidigt. Neulich, mitten in der Nacht, haben wir uns deswegen sogar gestritten. Nachdem ich am späten Abend in wohlverdienten süßen Schlummer geglitten war, schreckte mich das Gesumme einer Mücke wieder auf. Keine große Sache, werden Sie sagen. Und natürlich haben Sie recht. Es ist nur so, dass ich Mücken auf den Tod nicht ausstehen kann. Nicht, weil ich mich vor einem Mückenstich fürchte. Aber die Vorstellung, dass da einer in der Dunkelheit lauert und mir einen Stachel in die Blutbahn rammen will – das gruselt mich irgendwie. Besagte durstige Mücke umflog aus mir unerklärlichen Gründen meinen Kopf. Und ich wurde wach und begann mich zu ärgern. Warum tut sie das? Warum sticht sie nicht einfach diskret in meine Wade und lässt mich schlafen, fragte ich mich gereizt in der Finsternis. Warum nur?

Diese Frage stellte ich dann auch Robert. Denn wie es in der Nacht manchmal so ist, werden kleine Sorgen auf einmal ganz groß und aus Mücken Elefanten. »Lass mich schlafen«, keuchte Robert.

»Vielleicht überträgt sie ja sogar Malaria?«, rief ich und blinzelte verstört in das Licht der Leselampe.

Es war totenstill im Schlafzimmer (wenn man von Roberts Gestöhn und Kissenherumgeschiebe einmal absah). Da! Da war sie. Auf der gegenüberliegenden Wand. Ich griff nach einer Zeitschrift, pirschte mich heran und …

»HA!«-brüllend knallte ich die zusammengerollte Laura zehn Zentimeter neben die Mücke, die summend davonflog.

»Tanja«, rief Robert, der sich wohl erschrocken hatte. »Es ist drei Uhr nachts. Würdest du dich bitte ins Bett legen und schlafen?«

»Ich kann nicht«, jammerte ich. »Solange dieses blutrünstige Monster hier herumfliegt und sich den Stachel wetzt.«

»Meine Frau tickt nicht ganz richtig«, hörte ich meinen Mann aufs Uncharmanteste murmeln.

»Töte sie!«, flehte ich.

»Es gibt bestimmt mehr als eine Mücke hier«, versuchte Robert mich zu beruhigen, was ihm nicht gelang. »Es ist eine Frage der Einstellung«, sagte Robert mal wieder und ließ sich rückwärts in die Kissen plumpsen. »Sag dir, dass Mücken harmlose Insekten sind und dass noch keiner an einem Mückenstich gestorben ist.«

»Das sagst du!«, rief ich.

»Mach bitte das Licht aus.«

»Nö, mach ich gar nicht. Es ist auch eine Frage der Einstellung, dass ich Mückenstiche unhygienisch finde!«

Robert antwortete nicht mehr. Er hatte die Augen geschlossen. Verstimmt ließ ich meinen finsteren Blick über die Wände gleiten. Die fiese kleine Mücke hatte sich gut versteckt. »Vielleicht kaufe ich mal diese Mückengift-Plättchen, die man in die Steckdose steckt«, sagte ich zu Robert, der mit leicht geöffnetem Mund reglos neben mir lag. »Ich weiß, dass du nicht schläfst«, ließ ich ihn wissen. »Denn sonst würdest du schnarchen.« Robert begann zu schnarchen. Wie plump.

»Aber was einer Mückenlunge nicht gut tut, tut uns bestimmt auch nicht gut«, gab ich zu bedenken, denn wer will schon unsichtbare Giftschwaden im Schlafzimmer hängen haben?

Robert schnarchte weiter. »Obwohl«, murmelte ich und inspizierte die Zimmerdecke. »Alles ist besser als Mücken.« Da oben hatte sich das niederträchtige Insekt positioniert.

Ich griff nach dem Kopfkissen, stellte mich aufs Bett und feuerte einen gezielten Kissenschuss nach oben ab. Getroffen. »Hurraaaa!« Leider fiel das Kissen meinem lieben Mann ins schlafende Gesicht und dann war er richtig sauer.

Er warf mir vor, egoistisch und rücksichtslos zu sein. Und völlig verbohrte Lebenseinstellungen zu haben.

Und ich warf ihm genau das Gleiche vor und dann flog munter die Mücke (oder eine andere?) über unsere Köpfe und lachte uns summend aus. Ich bin dann ins Wohnzimmer gezogen und habe Robert seinem ungewissen Schicksal überlassen.

Am nächsten Morgen hatte er vier Mückenstiche im Gesicht. »Das sieht ja schrecklich aus!«, rief er entsetzt.

»Alles eine Frage der Einstellung«, gab ich zurück, obwohl das gemein war. Aber über Lebenseinstellungen kann man einfach zu gut streiten.

54

Frauen reden, Männer schweigen!?

»Frauen quasseln ohne Ende, Männer versagen in puncto Kommunikation.«

Ist das etwa wahr?

»Das hat ja nichts mehr mit gesunder Kommunikation zu tun«, beschwert sich Robert, der bekanntlich liebste Ehemann, nachdem ich einen heiß geredeten Telefonhörer aus der Hand gelegt habe.

»Wenn meine Freundin ein Problem hat, bin ich für sie da«, erkläre ich ihm.

»Aber wieso muss sie dir in aller Ausführlichkeit erklären, was ihr Verflossener gestern Abend gegessen hat?«

Robert ist mal wieder ahnungslos. »Weil«, antworte ich, »das eben dazugehört. Sonst kann ich mir kein Bild von der Situation machen.«

»Du musst wissen, dass er Spaghetti carbonara gegessen hat und vorher einen gemischten Salat, um zu erkennen, dass er seine Freundin mit ihrer Cousine betrogen hat?« Robert guckt erstaunt.

»Du hast gelauscht!«, werfe ich ihm vor.

»Das tut nichts zur Sache«, verteidigt er sich.

»Es ist kein guter Stil«, sage ich.

»Lenk nicht ab! Was haben gemischte Salate mit Seitensprüngen zu tun?«

»Robert!«, stöhne ich, »kümmere dich um deine eigenen Angelegenheiten.«

»Ich versuche nur, nach bald fünfzehn Jahren Ehe, die Frauen zu verstehen«, winselt Robert und sieht richtig verzweifelt aus.

»Vergiss es«, serviere ich ihn ab, »das wird dir nie gelingen.«

Das Telefon klingelt. Es ist wieder Sabine, die Betrogene, die mir mitteilen muss, dass ihre Cousine eben angerufen hat, um sich bei ihr zu entschuldigen.

»Das ist ja UNGLAUBLICH!«, kreische ich in den Hörer.

»Was denn?«, zischt Robert begierig.

Ich kehre ihm den Rücken zu, um mir in Ruhe Sabines Geschichte anzuhören. Nach einer Stunde sind wir auch schon fertig.

»Warum redet ihr Frauen so viel?«, will Robert wissen.

»Weil wir nicht anders können«, antworte ich.

»Ich muss dringend telefonieren«, ruft Sanne und hechtet ans Telefon. Robert stöhnt.

»Und warum redet ihr so wenig?«, frage ich Robert, der passenderweise keine Antwort gibt. Aber ich lasse nicht locker: »Als dein Freund Christian seinen Job verloren und seine Frau ihm kurz darauf ein halb chinesisches Baby geboren hat, da hast du nichts weiter als ›Wird schon werden, alter Junge‹ gesagt. Und dann habt ihr ziemlich viel Bier getrunken und Löcher in die Luft gestarrt.«

»Ja und?« Robert guckt mich fragend an. »Was hätte ich denn sagen sollen?«

»Also, ich hätte dazu eine Menge gesagt«, antworte ich meinem einsilbigen Mann.

»Ich auch!«, kreischt Sanne aus dem Hintergrund und schwenkt begeistert den Telefonhörer.

»Ob es an den Genen liegt?«, fragt sich Robert kopfschüttelnd.

»Ich denke, ja«, bestätige ich, »bei Männern ist das Kommunikations-Gen völlig verkümmert.«

»Bei Frauen ist dieses Gen eher mutiert. Ist ja nicht normal, was ihr zusammenquasselt«, erwidert er unbeeindruckt.

»Das ist jetzt aber frauenfeindlich!«, ruft Sanne, die es bereits meisterhaft beherrscht, zu telefonieren und gleichzeitig Elterngespräche zu kommentieren.

»Finde ich auch«, stimme ich ihr zu.

Nach einer Stunde legt Sanne auf. »Puh«, macht sie erschöpft.

Das Telefon klingelt wieder. »Für mich!«, rufen Sanne und ich gleichzeitig.

»Ein Irrenhaus«, höre ich Robert knurren. »Ein geschwätziges Haus voller Klatschtanten!«

Sanne erreicht das Telefon als Erste und reicht ihrem Vater den Hörer. »Für dich«, lächelt sie verschwörerisch. »Es ist Christian.«

Betont lässig sagt Robert: »Hallo, Christian, wie geht's?« Sanne und ich starren ihn an. »Ehem«, macht er. Und: »So, so.«

»Was ist los?«, zische ich.

»Mach mal den Lautsprecher an«, kräht Sanne dazwischen.

Robert zeigt uns die kalte Schulter. »Na, Mensch«, sagt er und räuspert sich. Dann schweigt er sich ewig aus. Ich vermute, dass Christian am anderen Ende der Leitung auch schweigt. Nach einer Weile sagt Robert mit merkwürdig tiefer Stimme: »Wollen wir ein Bier trinken gehen?« Und dann legt er auf.

»Na bravo!«, rufe ich mit schriller Stimme. »Das nenne ich männliches Kommunikationsversagen! Was ist denn los?«

»Nichts Besonderes«, antwortet Robert und zieht sich seine Jacke an.

»WAS hat er denn GESAGT?«, wollen Sanne und ich wissen. »Ist seine Frau wieder schwanger? Hat der Koch aus dem Chinarestaurant einem Vaterschaftstest zugestimmt? Wird …?«

»Bis später dann«, knödelt Robert und ist verschwunden.

Jetzt wird er gleich düster dreinblickend Christian gegenübersitzen und »Wird schon werden, alter Junge« murmeln.

Männer!

Ich werde sie nie verstehen. Vielleicht sollte ich mal Christians Frau anrufen, um ein bisschen Licht in die ganze Angelegenheit zu bringen? Licht und viele, viele Worte.

Angebot
Angebot

55

Hört mal, was da tickt!

Sie tickt nicht nur, sie schrillt auch öfter grell: meine biologische Uhr. Was will sie nur plötzlich von mir?

Wie neulich, als ich mich im Park über einen Kinderwagen beugte (ich weiß auch nicht wieso) und darin ein rosa Bündelchen liegen sah. Da begann etwas in mir zu ticken. Eine Zeitbombe? Ein Wecker? Nein, es war meine biologische Uhr. »Naa?«, raunte sie in mein Ohr, »ist das nicht ein süßes, süßes Babylein? So eines könntest du auch noch mal haben. Du musst dich nur ein klein wenig beeilen, altes Mädchen!« Moment mal!, sagte ich mir. Habe ich das jetzt eben wirklich gedacht? Das Baby im Wagen gähnte und gab einen maunzenden Ton von sich.

»Wie süüüüüüüüüüß!«, hörte ich mich flöten und die junge Mutter lächelte selig.

»Wie heißt sie denn?«

»Samantha.«

»Ach, wie reiiiiiizend!«, schrie ich begeistert auf. Und am liebsten hätte ich Klein Samantha aus dem Wägelchen gerissen und wäre mit ihr davongerannt. »Das brauchst du nicht zu tun«, erinnerte mich meine biologische Uhr und tickte ein paarmal wichtigtuerisch. »Bekomm doch selbst noch mal ein Kind. Ticktack.«

Wehmütig blickte ich Klein-Samantha hinterher, die von ihrer Mami durch den sonnigen Park geschoben wurde. So klein waren meine Kinder auch noch vor Kurzem gewesen.

Gut, bei Sanne ist das nun auch bald vierzehn Jahre her. Und die Jungs? Sind coole sechs und acht Jahre alt und »wilde Kerle«.

»Bald sind sie aus dem Haus«, sagt die biologische Uhr. »Sei still«, gebe ich zurück. Ich bin doch nicht verrückt und stehe wieder nachts fünfzehnmal auf. Kämpfe mit Milchpumpen und Babysittern. Nein, und auf Presswehen habe ich eigentlich auch keine Lust mehr. »TickTACK!«, macht die blöde Uhr.

Am Nachmittag ertappe ich mich dabei, wie ich im Supermarkt verträumt am Regal mit Babynahrung vorüberstreife. Was würde ich meinem Babylein denn heute Feines geben? Biobrokkoli oder besser rahmige Möhrchen? Entschlossen reiße ich den Einkaufswagen herum und steuere zur Kasse. Dort steht ein Mann und trägt ein Baby vor sich im Känguru-Tuch. Nein, wie entzückend das aussieht!

»Ist es ein Junge?«, frage ich verträumt und muss meine zuckenden Hände hinter dem Rücken verschränken, um nicht nach diesem flaumigen Babykopf zu greifen.

»Ja, acht Wochen alt.«

»Haaaaarrrrrrrrrr«, höre ich mich schnurren. Im Hintergrund hallt ein deutliches Ticktack.

Wieder zu Hause, gehe ich zu Robert, dem liebsten Ehemann. »Du-huuu?« Ich setze mich zu ihm auf die Sessellehne.

»Hm?«, macht er hinter seiner Zeitung.

»Hättest du gern noch ein Baby?«, frage ich.

Ich sehe, wie sich die Zeitung strafft, dann taucht sein Gesicht mit entsetzt geweiteten Augen auf. »Nein!«, sagt er, »bitte nicht!«

»Ihr Männer seid so egoistisch«, jammere ich. »Du kannst ja mit fünfundachtzig noch mal Vater werden, aber ich …« Höre ich mir gerade selbst zu? (Oh, mein Gott!) »Mit meiner Fruchtbarkeit geht es rapide den Bach hinab!«

»Na und?«, fragt Robert und sinkt wieder hinter die Zeitung. »Du bist ja fruchtbar genug gewesen.«

»Mama will noch ein Baby!«, kreischt es auf einmal. Samuel muss uns belauscht haben.

»Waaaas?«, schrillt Sannes Stimme alarmiert. »Ist ja abstoßend! Hat man in eurem Alter überhaupt noch Sex?«

»TICK-TACK-TICK.«

»Ruhe, alle zusammen!«, rufe ich.

»Wir kriegen ein Baby!«, freut sich Mäxchen. »Aber es darf nicht in unserem Zimmer schlafen. Es schläft bei Lucky im Korb.«

Nun muss ich einiges erklären: Ich bin nicht schwanger, Babys schlafen nicht in Hundekörben. Dass man jenseits der vierzig schon noch ab und zu Sex hat, verschweige ich jetzt besser.

»Weißt du noch, wie es war, als Samuel gezahnt hat?«, fragt Robert. »Und Sanne musste stundenlang herumgetragen werden, bevor sie einschlafen konnte. Und Mäxchen hat Tante Rosies Meissen-Service mit einem einzigen Ruck zertrümmert.«

»Ich weiß«, sage ich kläglich.

»Windeln«, sagt Robert. »Blähungen. Trotzphasen. Nachts fünfmal aufstehen. Buggyschieben.«

»Ich weiß«, sage ich wieder. Und dann muss ich ein bisschen lachen. Robert hat Recht. Freiheit, ich will dich genießen!

Die biologische Uhr habe ich in die Wüste geschickt. Auf dem Weg dorthin tickt sie vielleicht noch ein bisschen bei Ihnen herum. Lassen Sie sich bloß nicht verrückt machen! Buchen Sie stattdessen eine richtig schöne Flugreise in ein fernes Land. Und nehmen Sie unbedingt Ihre Freiheit mit. Dann werden Sie viel Spaß haben.

56

Die goldenen Erziehungsregeln

Neulich las ich einen Erziehungsratgeber. Und erkannte, dass ich bisher keine der goldenen Regeln beachtet hatte.

Schreien Sie Ihr Kind niemals an! Seien Sie immer ehrlich! Sie können gar nicht oft genug »I love you« sagen! (Es war ein amerikanischer Erziehungsratgeber.)

So stand es da.

Also, »I love you« sage ich sowieso niemals. Ich wohne ja nicht in Hollywood. Aber mit »Ich liebe dich« würde ich es gern mal versuchen. Die Sache mit dem Anschreien erschien mir schon kniffeliger. Ich schreie mehrmals täglich. Unter anderem auch, weil es bei uns immer so laut ist. Aber ich gelobte Besserung. Wenn amerikanische Kinderpsychologen der Meinung sind, dass schreiende Mütter gravierende Schäden an kindlichen Trommelfellen und Seelen verursachen, dann nehme ich das ernst. Wie war es um die Ehrlichkeit bestimmt? Muss man Kindern immer die Wahrheit sagen? Ja, meinen die Amerikaner, man muss. Gerade erst gestern hatte ich wieder gelogen, dass sich die Balken gebogen hatten. »Natürlich freue ich mich, wenn Oma Wekwerth uns besuchen kommt«, hatte ich gesagt. Das Verhältnis zu meiner Schwiegermutter ist … (wie soll ich mich ausdrücken?) … nicht immer einfach.

»Oma kann doch mal bei uns übernachten«, rief Samuel. »Auf dem Klappsofa, das wäre lustig.«

»Ja, sehr, sehr lustig«, hatte ich geantwortet und gedacht: Und ich gehe so lange ins Hotel.

Nun würde also alles besser werden. Keine Lügen, kein Geschrei und nur noch Liebeserklärungen.

»Kann mal bitte einer mit dem Hund Gassi gehen?«, frage ich leise und liebevoll ins Kinderzimmer.

»Keine Lust«, murren Sanne und Samuel. Mäxchen zeigt mir einen Vogel. Unter anderen Umständen hätte ich jetzt ganz europäisch losgemeckert. Diesmal sehe ich nur verklärt durch meine ungezogenen Kinder hindurch und sage: »Wisst ihr eigentlich, wie sehr ich euch liebe?« Dann schließe ich die Tür und gehe selbst mit dem Hund spazieren. »Ich liebe dich, Lucky«, lasse ich ihn wissen, aber er interessiert sich mehr für eine gelbe Pipi-Pfütze vor der Haustür.

Eine halbe Stunde später bin ich wieder da.

»Mama?«, fragt Samuel und schaut mich verstört an. »Geht es dir gut?«

»Ja, mein Liebling«, antworte ich und beginne, mich sehr zu schämen. Ist es nicht entsetzlich? Da sagt man seinen Kindern mal, wie lieb man sie hat, und sie zweifeln sofort an unserem Gesundheitszustand? Das gibt mir zu denken. Gar nicht oft genug kann man es ihnen sagen. Deswegen sage ich es auch gleich noch mal: »Samuel, mein Schatz. Ich liebe dich. Und dich, Sannelein, auch. Und mein Mäxchen, dich liebe ich auch.«

Betroffene Stille im Kinderzimmer.

»Bist du krank?«

»Warum?«, rufe ich. »Weil ich euch sage, dass …«

»Nicht schon wieder!«

»Ist ja gut jetzt!«

»Oh, Mann!«

Ich schwebe in die Küche, ein Ausbund an mitteilsamer Mutterliebe. Aus meinen Kindern soll schließlich mal was werden.

»Sie ist auf irgendeinem Drogentrip«, höre ich Sanne noch flüstern. »Oder einer Sekte verfallen.«

»Würdet ihr mal den Tisch decken?«, flöte ich leise und verhalten. Natürlich hört mich keiner. Diese Frequenz kennen meine Kinder nicht. Na ja, denke ich. Ist ja nicht so schlimm, dafür könnte ich ihnen mal wieder sagen, wie lieb ich sie habe.

Doch bevor ich das erledigen kann, klingelt das Telefon. »Es ist Oooma«, ruft Samuel wenig später. »Sie will dich sprechen. Soll ich ihr wieder sagen, dass du gerade gar keine Zeit hast?«

»Nein«, sage ich in einem Anfall von Wahrheitsliebe. »Sag ihr, dass ich keine Lust habe, mit ihr zu reden. Und sag ihr, dass ich sie nächste Woche irgendwann zurückrufe, wenn ich sowieso nichts Besseres zu tun habe!«

»Aber Mama«, widerspricht Samuel entsetzt, »das kann ich doch nicht sagen.«

»Aber es ist die Wahrheit«, gebe ich sanft zurück. »Und, mein Junge: Ich liebe dich.«

Samuel richtet die Nachricht aus. Dann legt er auf.

»Au weia«, sagt Sanne.

»Deckst du bitte den Tisch?«, frage ich sie.

»Sprich doch mal lauter.« Sanne bohrt sich im Ohr. »Du flüsterst die ganze Zeit.«

»Mamaaaaa«, rufen die Jungs und Panik leuchtet in ihren Augen. »Mamaaaaaaa, sei doch bitte wieder du.«

»Ich kann euch gar nicht oft genug sagen, wie sehr ...«, fange ich schon wieder an und komme mir ein bisschen blöd vor. Die geliebten Kinder stöhnen gequält.

»Ich kann euch gar nicht oft genug sagen, wie sauer ich bin, dass keiner von euch Gassi gegangen ist!«, brülle ich und hole tief Luft. »Und wenn nicht in fünf Minuten der Tisch gedeckt ist ...«, brülle ich begeistert weiter, »dann KNALLT'S!«

Glücklich laufen die Kinder los.

»Aber lieb habe ich euch trotzdem!«, rufe ich ihnen hinterher.

Im Hause Wekwerth ist wieder alles beim Alten.

Jetzt muss ich nur noch die Sache mit meiner Schwiegermutter in Ordnung bringen. Vielleicht gibt es da ja ein amerikanisches Ratgeberbuch?

57

Über Geschmack lässt sich gut streiten

Eigentlich könnte es ja so schön sein, eine ganze Kinderschar um den Esstisch sitzen zu sehen …

»Darf Denni bei uns essen?«, fragt mich Samuel mit blauem Augenaufschlag. Denni ist eine wilde Hummel, aber Samuels Augen sind so blau.

»O.K.«, sage ich lässig.

»Darf Tinka auch bei uns essen?«, ruft Sanne. Ihr Augenaufschlag ist eher stechend.

Pubertierende darf man nicht ungerecht behandeln. Also sage ich noch mal »O.K.« Sie müssen wissen: Im Hause Wekwerth geht es gastfreundlich und unkompliziert zu. Warum sollten Denni und Tinka nicht bei uns essen? Am Ende dieser Geschichte werde ich Ihnen eine Antwort auf diese Frage geben können.

Man setzt sich. Es gibt Salat, Hühnerbrust und Petersilienkartoffeln. Wie nett: Ein bunt gedeckter Tisch, an dem viele, viele Kinder sitzen. Wie eine IKEA-Reklame. »Reich mir mal deinen Teller, Tinka«, sage ich und rühre wie Big Mamma gut gelaunt in der Schüssel.

»Ist in der Salatsoße Dill?«, fragt Tinka.

»Nein!«

»Olivenöl?«

»Ja.«

»Zitrone?«

»Ja.« (Ist das ein Verhör?)

»Aus ökologischem Anbau?« (Es ist ein Verhör!)

»Nein.«

»Dann bitte nur ein wenig Huhn«, sagt Tinka mit schmalen Lippen.

Sanne ist fasziniert.

»Der Nächste.«

Big Mamma ist inzwischen weniger gut gelaunt.

»Ist das Petersilie?«, fragt Denni und äugt angewidert in den Topf.

»Ja.« (Geht das schon wieder los?)

»Aus ökologischem Anbau?«, will meine Tochter auf einmal wissen. Diese Schlange. Ich werfe ihr einen giftigen Blick zu.

»Das hat dich bisher sehr wenig interessiert«, sage ich.

»Ich mag Petersilie sowieso nicht«, tröstet mich Denni.

»Was gibt es zum Nachtisch?«, will Mäxchen wissen und bohrt verträumt in seiner Nase.

»Habt ihr alle eure Hände gewaschen?«, frage ich. Fünf Kinder stehen gleichzeitig auf, um das Badezimmer zu überfluten und verdreckte, nasse Handtücher auf dem Fußboden liegen zu lassen. Ich seufze in meine Petersilienkartoffeln.

»Ich nehme trotzdem von den Kartoffeln«, unterrichtet mich Denni. »Und ich spucke die Petersilie einfach wieder aus.«

»Ich auch«, jubelt Samuel begeistert.

»Ihr esst die Kartoffeln, wie sie sind oder gar nicht!«, meckere ich.

»Meine Mama sagt, ich muss nichts essen, was ich nicht mag«, ereifert sich Denni.

Ich seufze wieder. Diesmal in den Salat mit pestizidverseuchtem Zitronensaft.

»Ist das eigentlich ein Freiland-Huhn?«, will Tinka wissen und sticht skeptisch mit der Gabel in das Fleisch.

»Klar«, lüge ich, sonst kann ich gleich den Pizza-Service anrufen.

»Ich mag Freiland-Huhn eigentlich nicht so sehr«, erwidert Tinka. »Man kann mit der Vogelgrippe gar nicht vorsichtig genug sein. Wenn dieses Huhn frei herumgelaufen ist und sich mit einer infizierten Ente unterhalten hat, dann könnte es sein, dass …«

»Igitt!«, schreit Sanne und lässt ihr Besteck fallen. »Das ist ja unverantwortlich.«

»Enten unterhalten sich nicht mit Hühnern«, gebe ich zu bedenken und fühle mich auf einmal so müde.

»Und wenn doch?«, ruft Samuel voller Grauen.

Ich drohe mit dem Salatbesteck. »Ihr esst jetzt, verdammt noch mal, was auf diesem Tisch steht. Oder ihr lasst es bleiben!«

»Was gibt es zum Nachtisch?«, will Mäxchen wieder wissen.

Ich ziehe es vor, nicht zu antworten.

»Schade, dass kein Dill an der Salatsoße ist«, sagt Tinka und schnüffelt an einer Tomate.

»Ich hasse Dill«, erwidert Sanne.

»Ich nicht.«

»Ich aber.«

»Und ich hasse Petersilie«, ruft Denni und pult grüne Krümel von einer Kartoffel.

»Koste doch wenigstens mal«, sage ich ihm.

»Ich koste doch nichts, was ich nicht mag«, antwortet er. Auch eine Logik.

Einen kurzen Moment herrscht Ruhe am Tisch.

»Mir schmeckt's«, sagt Samuel auf einmal.

»Mir eigentlich auch«, sagt Tinka.

»Ich glaube, das grüne Zeug auf den Kartoffeln ist gar keine Petersilie«, informiert mich Denni und lächelt petersilien-bezahnt in die Runde.

»Vielleicht ist es Dill?«, schlägt Tinka vor.

»Was gibt es zum Nachtisch?«, fragt Mäxchen zum dritten Mal.

»Vanille-Pudding mit Erdbeeren«, antworte ich wagemutig.

»Ich mag aber lieber Schoko-Pudding.«

»Erdbeeren aus ökologischem Anbau?«

»Ich bin allergisch auf Erdbeeren.«

»Ich bestimmt auch.« Ich habe jetzt keinen Platz mehr, um zu beschreiben, wie es mit der lieben Kinderschar am IKEA-Tisch weitergegangen ist.

Im Hause Wekwerth geht es weiterhin offen und unkompliziert zu. Es wäre nur viel gemütlicher, wenn sich jeder kleine Gast in Zukunft sein eigenes Essen mitbringen würde.

58

Das Geheimnis der Hunde-Erziehung ...

... ist mir leider nicht bekannt. Und Lucky hält es ohnehin nicht für notwendig, gutes Benehmen zu lernen.

Mal unter uns: »Sitz« und »Platz« findet er sogar absolut unmöglich. Obwohl ich es ihm immer wieder nett sage und ihm das Hinterteil dabei nach unten drücke. Es bringt überhaupt nichts. Lucky schleckt mir dann mitleidig über die Hand, trottet aus dem Zimmer, hechtet auf die Couch und knabbert ein bisschen beleidigt am Sofakissen. Es ist von der Schwiegermutter mit Stiefmütterchen bestickt worden und ich kann es sowieso nicht leiden. Vielleicht fällt mein »Nein, Pfui!« deswegen auch nicht besonders entschlossen aus.

»Das geht so nicht mehr weiter«, sagt Robert, der liebste Ehemann, in diesem Moment. Vielleicht mag er ja das Stiefmütterchenkissen? »Der Hund muss lernen, dass er das rangtiefste Mitglied im Familienrudel ist!«, wütet Robert weiter und versucht, Lucky vom Sofa zu schubsen. Lucky leckt ihm die Hand. Und bleibt, wo er ist.

»Rangtiefstes Mitglied?«, wiederhole ich ungläubig. »Wo hast du das denn her?«

»Habe mich schlau gemacht«, sagt Robert knapp und will Lucky das bestickte Kissen entreißen.

»Besonders rangtief sieht der aber nicht aus«, lache ich.

Lucky hat gerade einen Heidenspaß auf dem Sofa: Er knurrt

wie wild und schüttelt das Schwiegermutterkissen mitsamt den daraufgestickten Stiefmütterchen.

»Aus!«, brüllt Robert. Es sieht aus, als kämpften die beiden um den höheren Rang im Familienrudel. »Hunde lernen am schnellsten durch Lob und Belohnung«, ruft Robert, der das Kissen inzwischen an sich gerissen und noch gar nicht bemerkt hat, dass Lucky noch daranhängt. »Lässt du wohl!«, meckert er im nächsten Augenblick. »Aus!«

Lucky kriegt sich gar nicht mehr ein vor lauter Spaß. Kläffend springt er durchs Wohnzimmer und startet Scheinattacken auf Robert und das besabberte Kissen.

»Mir scheint, hier liegt ein Missverständnis vor«, sage ich.

»Dann mach du es doch besser!« Wütend wirft Robert das Kissen aufs Sofa zurück. Begeistert hechtet Lucky hinterher. Robert stöhnt. »Wieso darf der überhaupt aufs Sofa? Der Hund braucht und wünscht einen Anführer«, näselt Robert wichtigtuerisch.

»Lucky auch?«, will Mäxchen wissen, der gerade hereinkommt.

»Wir üben jetzt ›Bleib!‹ und ›Steh!‹« Robert lässt sich nicht bremsen. Es muss ein sehr dickes Hunde-Erziehungsbuch gewesen sein, das er da kürzlich gelesen hat. »Bleib!«, schreit er Lucky an. Der bleibt tatsächlich auf dem Sofa sitzen. »Na also!«, Robert fahrt sich durchs Haar. »Ein Anfang ist gemacht.«

»Und was heißt ›Steh!‹?«, will Mäxchen wissen.

»Man verwendet dieses Kommando, um den Hund an einem Ort zurückzulassen.«

»Aber mein armer Lucky soll nicht zurückgelassen werden«, mischt sich Sanne ein.

Robert verdreht die Augen. Lucky ist vom Sofa gehüpft. Wenn keiner mehr das Sofakissen haben will, interessiert es ihn auch nicht mehr. Robert strafft die Schultern. »Steh!«, ruft er dem Hund zu.

Lucky bleibt stehen und sieht ihn verwundert an. »Jetzt schnell loben!«, ruft Robert hektisch und tätschelt Luckys

Kopf. »Fein. Hast du ganz, ganz fein gemacht.« Lucky guckt ratlos.

»Der weiß gar nicht, was du meinst«, freut sich Samuel, der die Showeinlage im Wohnzimmer nicht länger verpassen will.

»Ich werde jetzt aus dem Zimmer gehen und Lucky wird wie festbetoniert stehen bleiben«, verspricht uns Robert.

»Gleich zaubert er ein Kaninchen aus dem Zylinder«, kichert Sanne.

»Seht!« Der Rest des Rudels – Pardon – der Familie ist schon sehr gespannt. Robert sagt noch mal: »Steh!« Dann geht er zur Tür.

Lucky kratzt sich lässig hinter dem Ohr und gähnt. Sanne kichert. Robert hat den Raum inzwischen verlassen. Wir halten die Luft an. Lucky betrachtet versunken das Teppichmuster, dann springt er zurück aufs Sofa und kuschelt sich unter das Stiefmütterchenkissen. Die Kinder schreien vor Lachen. Ich beiße mir auf die Unterlippe.

»Der erste Schritt zur Hundeerziehung fängt nicht beim Hund an, sondern beim Menschen«, meckert Robert von draußen.

»Genau«, pflichte ich ihm bei. »Also lass das arme Tier in Frieden.«

»Lucky braucht nicht ›Sitz‹ und ›Platz‹ zu machen«, ruft Mäxchen und haut Lucky zärtlich das ramponierte Stickereikissen auf den Kopf.

»Und auch nicht ›Hin und her‹ und ›Hu und hott‹«, sagt Sanne.

Dabei ist es geblieben.

Robert versucht zwar gelegentlich noch immer, im Stadtpark einen kleinen Jagdhund aus unserer Promenadenmischung zu machen. Bis heute hat Lucky allerdings noch keinen angeschossenen Hirsch apportiert. Und darüber bin ich eigentlich sehr froh.

59

Herbstbilanz im Nieselregen

Jedes Jahr um diese Zeit frage ich mich, warum ich eigentlich nicht irgendwo am Mittelmeer wohne.

Denn wenn die ersten Blätter fallen, sinkt auch meine Laune. »Sieh es doch positiv«, versucht mich Marie, meine beste Freundin, aufzuheitern. »Jetzt kommt bald Halloween, das ist immer so niedlich.«

Ich grunze abfällig. »Das sagst du bloß, weil du keine Kinder hast und nicht immer wieder Spinnweben und Warzen in kindliche Gesichter malen musst.«

»Es ist ein schönes Fest, das den Kreislauf des Lebens symbolisiert und …«

»… und du musst auch zwei kleinen Gespenstern nicht klarmachen, dass sie keine Löcher in die neuen Bettlaken schneiden dürfen«, unterbreche ich sie ein wenig unhöflich, denn ich stelle mir noch immer vor, in einer Villa am Mittelmeer zu wohnen.

»Am Mittelmeer feiern sie auch Halloween«, sagt Marie, als hätte sie meine Gedanken gelesen.

»Aber am Strand ist alles schöner«, gebe ich mich widerborstig. »Und Palmen verlieren auch keine Blätter.«

»Die dunkle Jahreszeit …«, fängt Marie wieder an.

»Ist viel zu lang«, kreische ich, denn allein der Gedanke an Finsternis und Schnee morgens um halb sieben lässt mich hysterisch werden.

»Jetzt kommt doch erst mal der Herbst mit all seinen leuchtenden Farben«, sagt Marie mit sanfter Stimme. »Wir könnten gemeinsam einen bunten Schal für dich kaufen und anschließend einen schön heißen Tee trinken gehen.«

Ich stöhne gequält auf. »Marie, sprich doch nicht so salbungsvoll. Außerdem habe ich schon genug Geld für neue Kinderstiefel, Regenjacken und Schulbücher verjubelt.«

»Dann gib dich doch deinem Herbstgejammer hin«, erwidert Marie ein wenig entnervt und geht durch den Nieselregen nach Hause.

Vielleicht hat sie recht? Vielleicht ist es genau das, was man tun sollte, wenn einem der Herbst zu schaffen macht. Sich dem Gejammer hingeben.

Wenig später kauere ich mich auf das Sofa, schütze mein ramponiertes Seelenheil mit einem Kuschelkissen und sinniere. Gerade war doch erst Ostern. Ich sehe noch die Kinder vor mir, wie sie mit putzigen Körbchen durch den Garten jagen. Schon ist es Vergangenheit. Aus und vorbei. Die Fotos kleben als Beweise im Album. Auch die von den Sommerferien: Mäxchen und seine Sandburg, Samuel mit Schlumpf-Eis. War doch alles gerade erst. Ich fühle mich kurz wie eine Großmutter. Wieder neigt sich ein Jahr dem Ende zu. Wenn das in diesem Blitztempo so weitergeht, dann bin ich bald sechzig. Meine Bilanz für 2007 ist auch nicht besonders aufmunternd: Ich habe (bis jetzt!) zwei Kilo zu- statt abgenommen. Ich habe den Yoga-Kurs nur dreimal besucht, anstatt jede Woche mittwochs. Ich habe mir das viele Kaffeetrinken nicht abgewöhnt.

Na ja, sage ich mir und werfe das Sofakissen von mir. Noch ist das Jahr nicht zu Ende. Das kann ich ja alles noch durchziehen. Und dann gehe ich mir einen Kaffee kochen, denn damit überlegt es sich irgendwie netter. Vor meinem geistigen Auge taucht eine Villa am Mittelmeer auf. Na gut, eine Wohnung würde es auch tun, aber mit Meerblick, bitte sehr.

Dann würde ich immer im Blümchenkleid mit Flip-Flops über den Wochenmarkt schreiten und duftende Pfirsiche kaufen. Und fangfrischen Fisch. Und die Kinder hätten die ganze Zeit hitzefrei und würden am Strand spielen und Muscheln sammeln. Das wäre ein Leben. Ich seufze und trinke einen

Schluck Kaffee. Und die Abende auf der Terrasse erst! Mit Freunden Sangria trinken und Gitarre spielen.

»Woran denkst du?«, fragt mich Samuel, der gerade in die Küche spaziert.

»Dass ich ans Mittelmeer ziehen will«, bricht es aus mir heraus. »Und dass die Zeit so schnell vergeht.«

»Mama hat wieder die Herbst-Krise!«, ruft mein Sohn recht indiskret durch die Wohnung. Dann blickt er mich durchdringend an, als wäre ich ein besonders schwerer Fall.

»Was ist deine Lieblingsjahreszeit?«, fragt er und legt den Kopf schief.

»Frühling!«, rufe ich sehnsüchtig.

»Ohne Herbst keinen Frühling« sagt er trocken und geht wieder. »Und ich will auch gar nicht wegziehen. Dann habe ich keine Freunde mehr!«, ruft er noch von draußen.

Ein wenig begossen sitze ich an Küchentisch. Ohne Herbst keinen Frühling? Wie weise. Und wie war das mit den Freunden? Ich springe auf. Meine arme Marie! Wie unhöflich ich zu ihr gewesen bin. Ich eile zum Telefon. »Gilt dein Angebot noch?«, frage ich in den Hörer.

»Klaro!«, sagt sie.

60

Trinken Sie gern ein Gläschen Wein?

Ich schon. Und so freute ich mich auch sehr über eine Einladung zu einem schön gemütlichen Abend.

»Richtig rassig, oder?«, fragt mich der Gastgeber, nachdem wir miteinander angestoßen haben. Wen meint er? Vielleicht meinen Mann? Ich werfe einen irritierten Blick nach links, wo Robert, der liebste Ehemann, steht und gerade eine Salzstange beknabbert. Rassig? Nun, ich weiß nicht. So habe ich das noch nie gesehen.

»Ein satter, delikater Duft, nicht wahr?«, fragt der Gastgeber und leckt sich die Lippen.

Mir wird unbehaglich zu Mute.

»Am Gaumen sehr fein«, fährt er fort und ich werde rot.

»Wirklich ein delikater Tropfen«, schaltet sich nun Robert, der Rassige, selbst ein.

Ach, denke ich erleichtert, es geht um den Wein. Welche Farbe hat er noch gleich? Weiß. Und lecker ist er auch. Aber am Gaumen sehr fein? Nachdenklich nehme ich noch einen Schluck. Schmeckt ... nach Weißwein.

»Große Ausgewogenheit«, höre ich den Gastgeber sagen und sehe Robert andächtig nicken. Was ist denn mit den beiden los?

»Mein Mann ist ein großer Weinkenner«, erklärt mir die Ehefrau. »Und ich habe mich auf französischen Käse spezialisiert. Wir werden gleich ein Käsefondue essen.«

Ab jetzt wird es anstrengend, denke ich.

»Die Franzosen haben für jeden Tag des Jahres eine eigene Käsesorte, ist das nicht faszinierend?«, ruft sie.

»Ja, toll«, sage ich lahm.

»Zum Fondue gibt es einen Roten«, sagt der Gastgeber gerade zu Robert, der konzentriert in sein Weinglas starrt, als ob es dort etwas zu entdecken gäbe.

Auf einmal muss ich lachen. »Rrrobert, du Rrrsassiger«, flüstere ich in sein Ohr, aber er findet das gar nicht lustig.

»Einen roten Spanier«, fährt der Gastgeber unbeirrt fort. Und den bekommen wir wenig später am Tisch tatsächlich eingeschenkt. Wir heben die Gläser. Es wird still. Wir trinken einen Schluck.

»Lecker«, sage ich, stelle mein Glas ab und erhalte einen vernichtenden Seitenblick von Robert.

»Erstklassig«, ruft er feurig, wie es sich für einen roten Spanier gehört.

Der Gastgeber kaut noch auf seinem Schluck herum, was ich ziemlich ekelig finde. Gleich spuckt er was auf die weiße Tischdecke. Tut er aber leider doch nicht. Schade, ich hätte was zu lachen gehabt, wo sie doch alle so bierernst Wein trinken. Apropos: Ein Bier wäre mir jetzt fast lieber.

»Aaah, sehr intensiv«, freut sich die Gastgeberin, die wohl für einen Moment lang ihren Käse vergessen hat.

»Schmelzig«, bestätigt ihr Mann, »mit feinem Niveau.«

Robert sucht nach Worten. Das sieht man ihm an. Sonst trinkt er seinen Chianti in der Pizzeria kommentarlos und heute Abend fachsimpelt er auf einmal über die Beschaffenheit seines Gaumens.

»Ein Ziegenkäse würde gut passen«, sagt die Gastgeberin.

Ja, denke ich, wo bleibt überhaupt das Essen?

»Auf keinen Fall«, widerspricht ihr Mann so heftig, als hätte sie etwas Unanständiges gesagt.

Ratlos nehme ich noch einen Schluck, spüle mir diskret den Mund damit und versuche herauszubekommen, was mit meinem Gaumen vor sich geht. Dabei verschlucke ich mich unglücklicherweise.

»Zu spannungsgeladen für Ziegenkäse«, meckert der Gastgeber seine Frau quer über den Tisch hinweg an.

Meint er die Stimmung? Da kann ich ihm nur hustend zustimmen.

»Was weißt du denn schon von Ziegenkäse?«, zickt sie zurück. Und nachdem ich mich ausgehustet habe, muss ich schon wieder lachen.

»Ich weiß definitiv«, gibt der Gastgeber zurück, »dass ein Emmentaler besser passen würde, denn ...«

»Ha!«, unterbricht sie zornesbleich, was gar nicht gut zu dem roten Spanier passt, »du hast einfach keine Ahnung!«

Robert räuspert sich. »Ein kraftvolles Aroma«, sagt er, wahrscheinlich in der Hoffnung, abzulenken und bald etwas zu essen zu bekommen. Doch unsere Gastgeber sind sich immer noch uneinig, ob französischer Ziegenkäse zu spanischem Rotwein passt. Ich würde jetzt sogar Harzer Käse essen, so einen Hunger habe ich.

»Zum Käsefondue passt dieser spanische Rotwein nicht«, meckert die Gastgeberin weiter.

»Ich finde, er würde prima passen«, sage ich, aber keiner achtet auf mich.

Nach einer endlosen Debatte unserer Gastgeber kommt endlich das Käsefondue auf den Tisch. Dazu wird ein anderer Rotwein (ein italienischer?) serviert, der genauso schmeckt wie sein spanischer Vorgänger.

»Sehr rassig«, versuche ich meine neu erworbenen Kenntnisse zu demonstrieren und ernte nur geringschätzige Blicke.

»Ein feiner Biss«, murmelt Robert, und ich will nach Hause. Ich habe genug von beißenden, geheimnisvollen oder lebhaften Weinen. Ich hätte mich lieber nett unterhalten und dafür einen Wein aus dem Supermarkt getrunken. Es ist eben nicht alles so tiefgründig, wie es sich am Gaumen präsentiert.